AF543712

KUNST MAL ANDERS

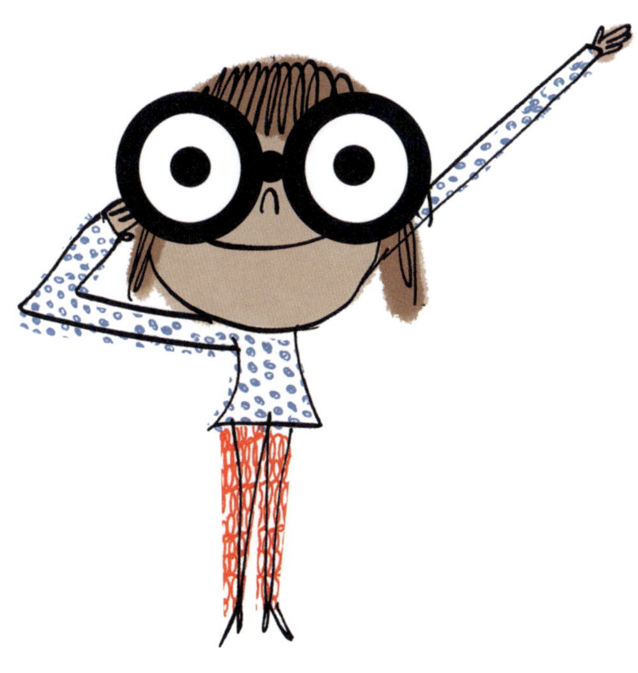

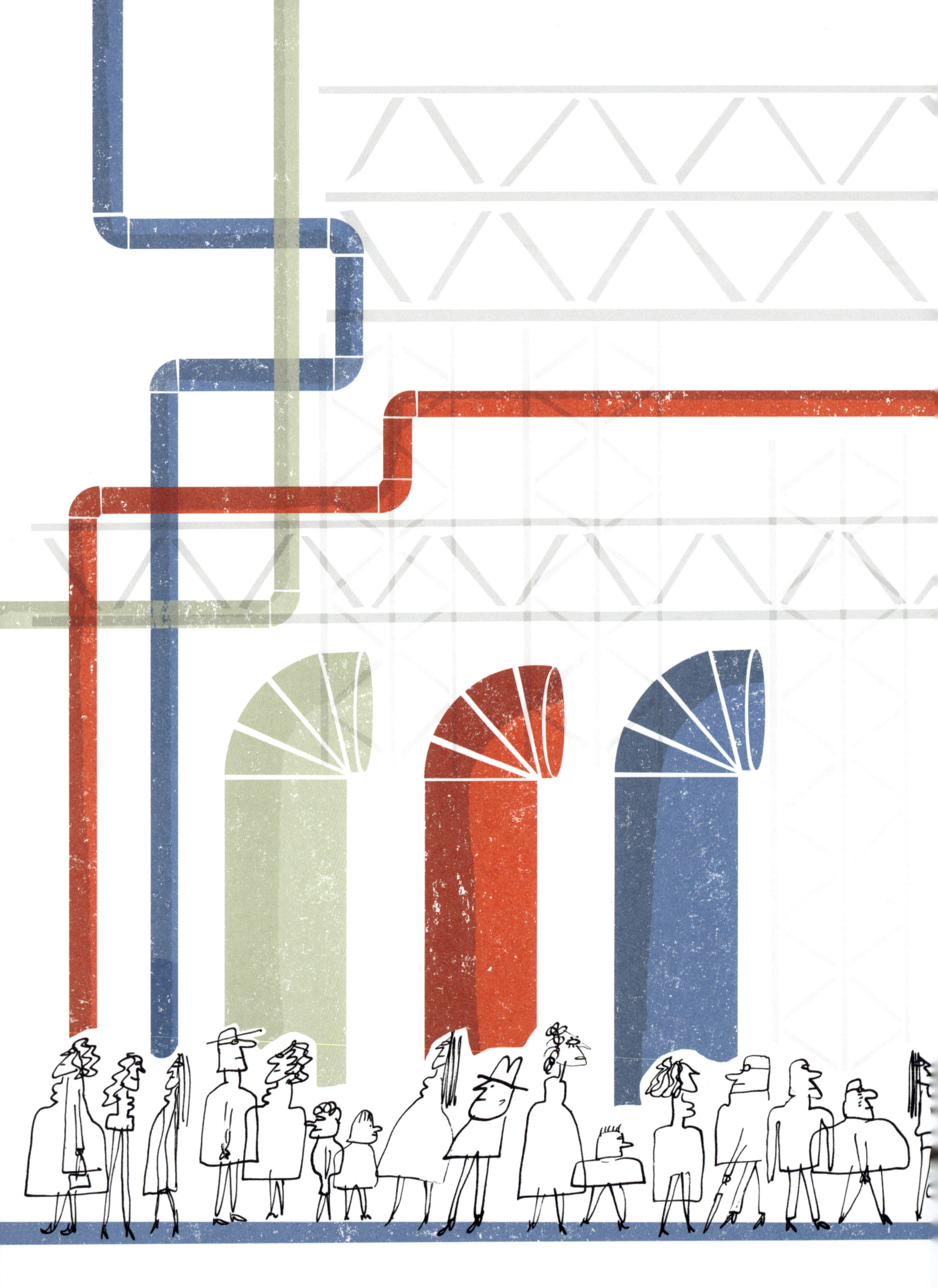

Alice Harman
Illustrationen: Serge Bloch

KUNST MAL ANDERS

Das Entdeckerbuch für die Moderne Kunst

Mit 30 Werken aus dem Centre Pompidou

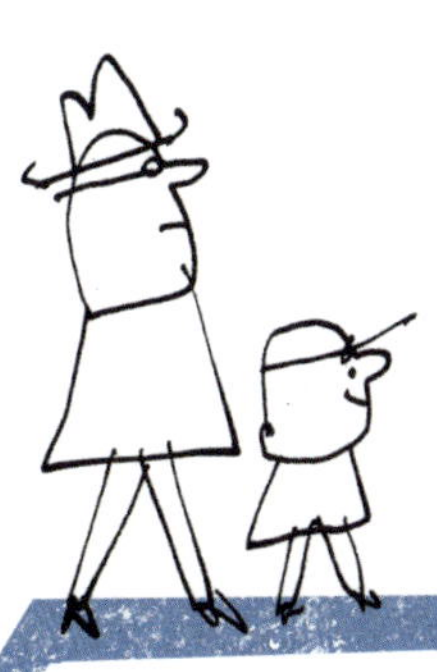

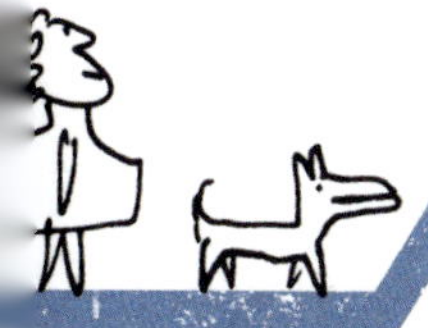

MIDAS COLLECTION

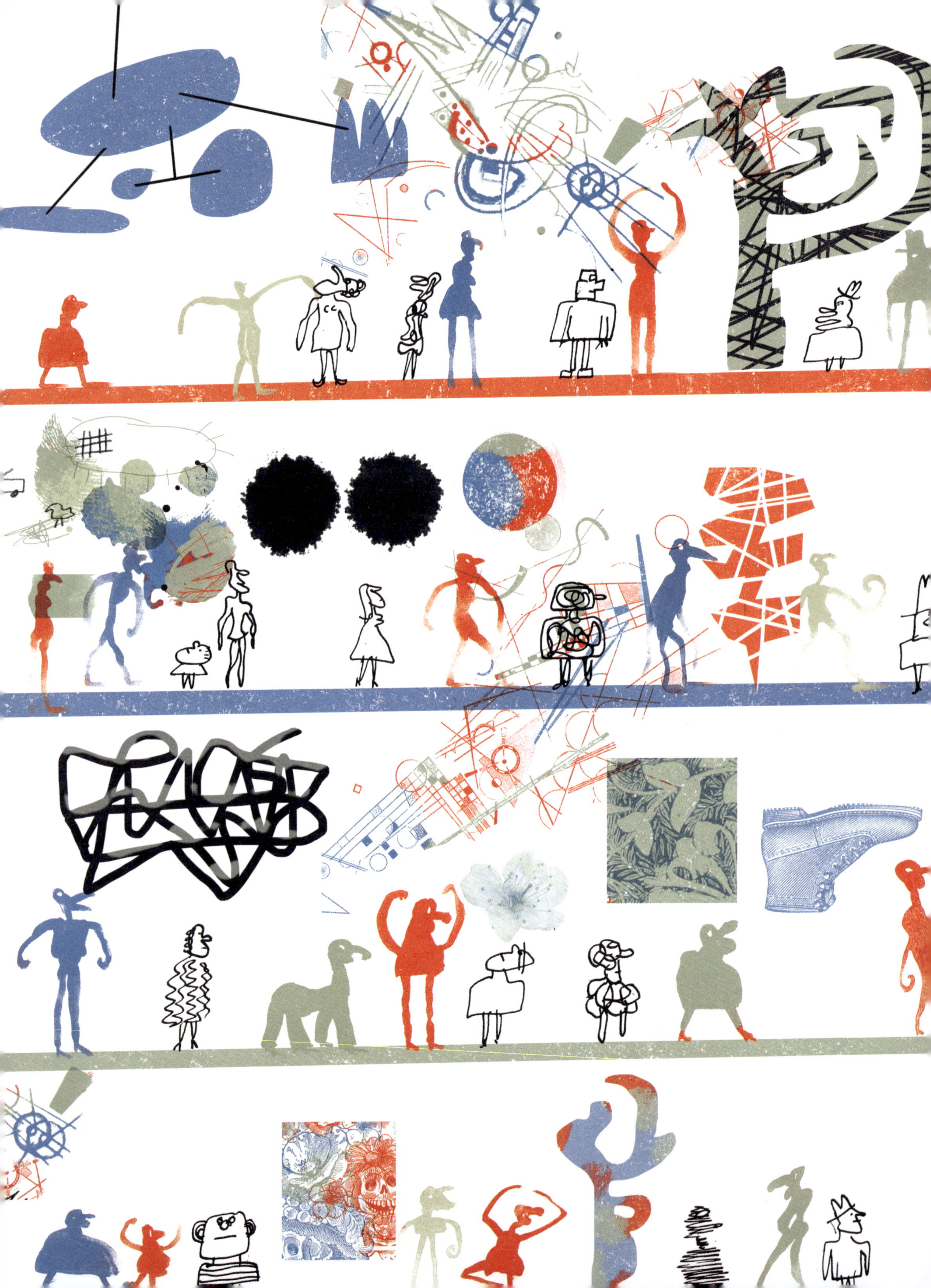

INHALT

WILLKOMMEN

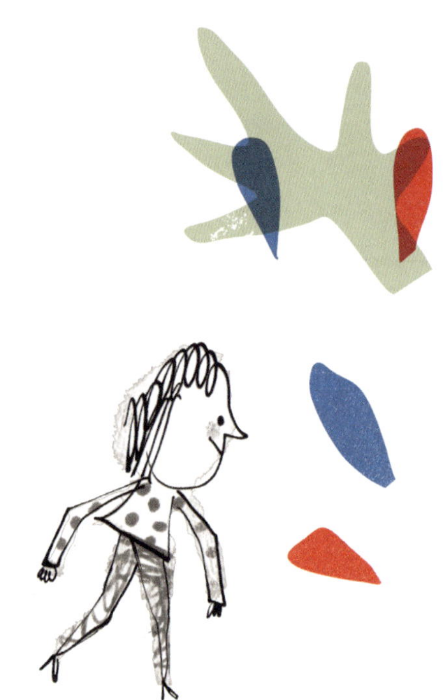

Hallo **Kunstforscher*in!** Bist du bereit, auf riesige Berge zu klettern, reißende Flüsse zu überqueren und in tiefe, dunkle Höhlen hinabzusteigen, um das Herz der **modernen Kunst** zu entdecken? Nein? Okay. Wie wäre es damit, einfach dieses **Buch** und deinen **Geist** lange genug geöffnet zu halten, um wenigstens herauszufinden, worum es bei dieser »modernen Kunst« überhaupt geht? Schon besser! Zuerst klang es auch für mich etwas anstrengend. Ich glaub, wir kommen gut miteinander klar.

Kennst du das Museum **Centre Pompidou** in Paris? Das ist dieses riesige moderne Gebäude mit den bunten Röhren an der Fassade. Das ist nicht zu übersehen, es sieht aus, als hätte es jemand umgekrempelt und in einen Regenbogen getaucht. Drin ist jede Menge Kunst zu finden – über 10.000 Kunstwerke –, und alle gehören zur **modernen und zeitgenössischen Kunst.** Da ist also kein altes Zeug zu finden. Alle Kunstwerke, die vor 1905 entstanden sind, **müssen draußen bleiben.**

Dieses Buch gibt dir die Chance, **hinter die Kulissen** des Centre Pompidou zu schauen und deine Nase in einige der berühmtesten (und verrücktesten) Werke der **modernen Kunst** zu stecken. Dabei ist allein der Begriff »moderne Kunst« schon irreführend – die Werke sind nicht erst gestern oder letztes Jahr entstanden. Die Menschen in der Vergangenheit dachten, **ihr Zeitalter** wäre das moderne – und weil sie früher lebten als wir, benutzten sie auch den Begriff zuerst. **Unfair**, oder?

Moderne Kunst heißt also, dass sie zwischen den 1860er- und den späten 1960er-Jahren entstanden ist – alles danach heißt **zeitgenössische Kunst.** Klar soweit? In diesem Buch soll es **eigentlich** um moderne Kunst gehen. Aber es haben sich ein paar zeitgenössische Werke eingeschlichen, die einfach **zu gut** waren, um sie wegzulassen.

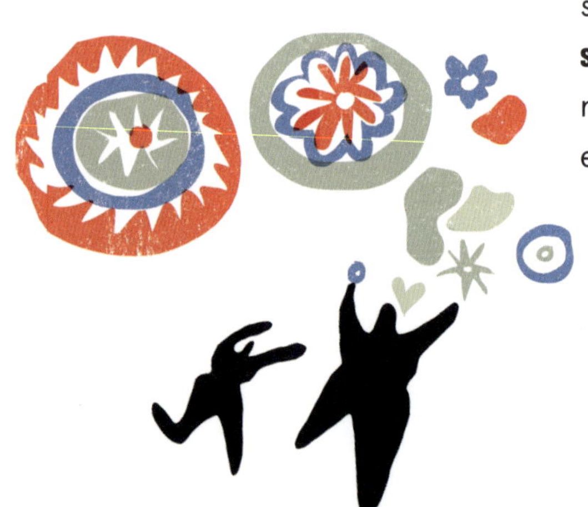

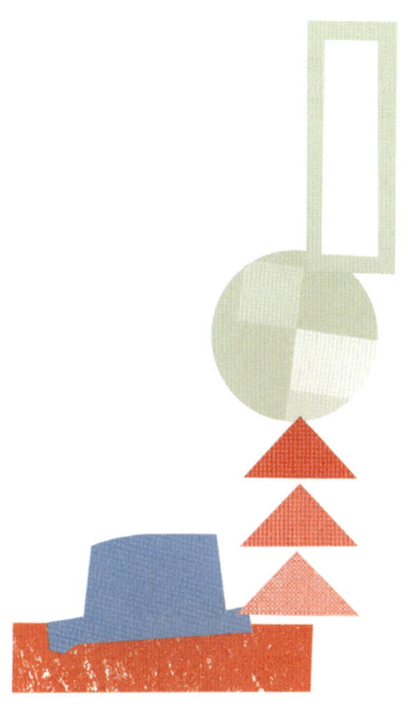

Eins noch, bevor wir loslegen: Lies das Buch, wie du willst, und blättere darin, **wie du Lust hast**. Von hinten nach vorn, spring, wohin du willst, halt es dir direkt vor die Nase oder lass die Seiten durch die Finger laufen, um dann bei einem Kunstwerk anzuhalten, das wirklich irgendwie verrückt aussieht, und du dich fragst: »**Wie jetzt?!**« Du bist hier **Kunstforscher*in**, du entscheidest.

Hier ein paar Tipps für deinen Weg, wenn du möchtest:

1. **Anstarren** solltest du die Kunstwerke, solange du willst, am besten, bevor du den Text liest. Konzentriere dich darauf, was dir dabei **einfällt** und wie du dich dabei **fühlst**.

2. Stelle alle **Fragen,** die dir dazu einfallen, selbst wenn sie dir unverschämt vorkommen. (**Was** soll das denn sein? **Wie** haben die das gemacht? **Warum** sieht es überhaupt so aus?)

3. Versetze dich in den **Künstler** hinein und **stell dir vor,** wie es wäre, wenn du dir Kunst ausdenken und selber herstellen würdest. Denn Künstler*innen sind auch Menschen wie du.

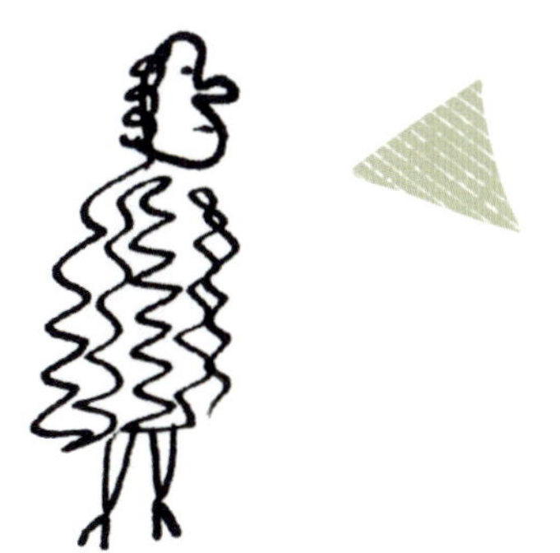

Bereit? Okay, dann Schluss mit der Faulenzerei. Los geht's mit dem Forschen!

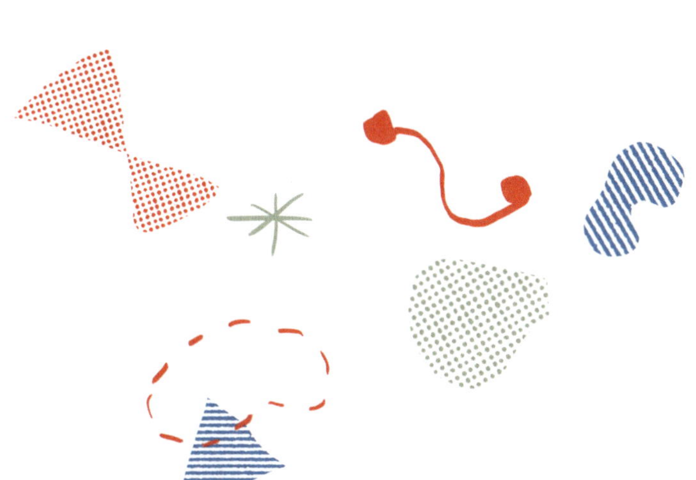

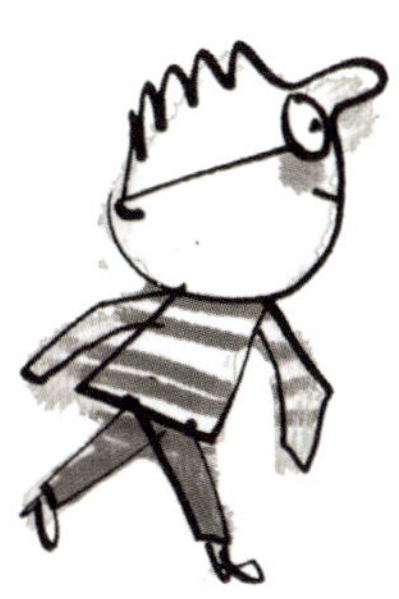

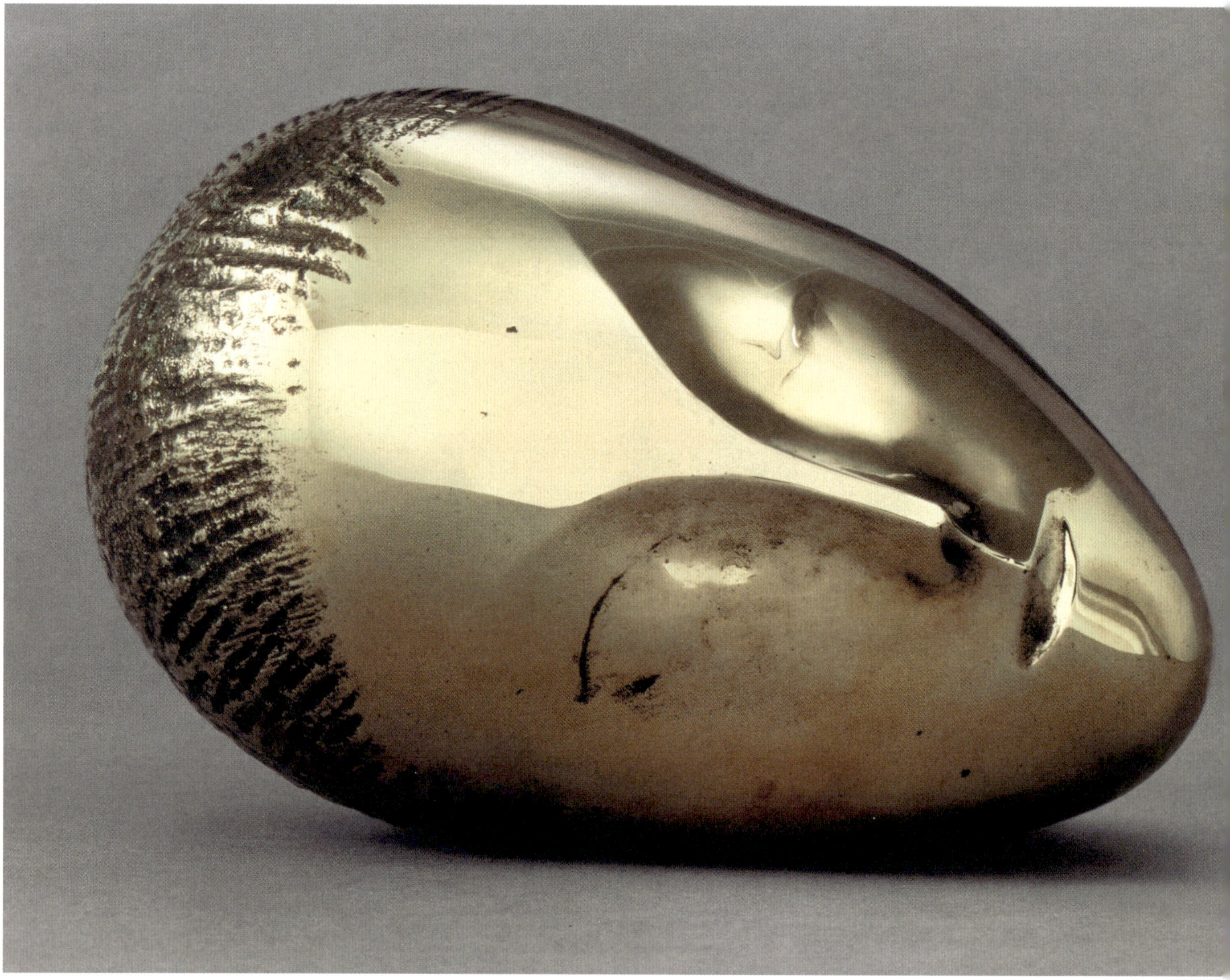

SCHLAFENDE MUSE

1910 Polierte Bronze

CONSTANTIN BRÂNCUȘI

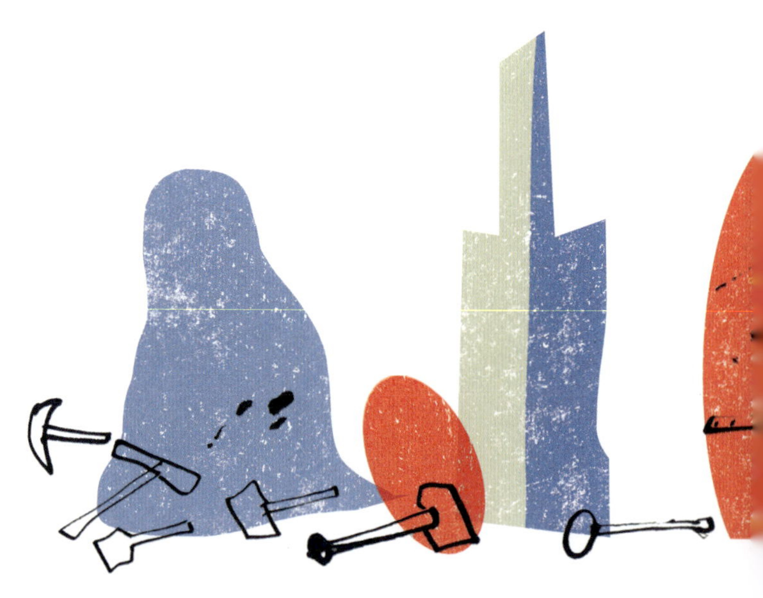

GOLDENER SCHLUMMER

Psssst, nicht den Kopf wecken! Keine Ahnung, wo der Körper ist, ich hab aber auch keine Zeit, ihn zu suchen. Ich habe **zu tun** – im Unterschied zu unserem **Dornröschen** hier, dem die Welt egal zu sein scheint. Aber ehrlich, wenn ich diese Figur ein paar Minuten lang betrachte, fange ich zu gähnen an – und werde müüüüüde. Geht es dir auch so?

Brâncuşi war ein großer Fan davon, sich vom Material leiten zu lassen, wie seine Figur einmal aussehen sollte. Kannst du erkennen, wie die harte, schwere Bronze dafür sorgt, dass der Kopf im Schlaf ganz schwer wirkt? Und dieser **goldene Glanz** und die sanften, ruhigen Züge – man kann sich den Kopf gar nicht anders vorstellen als in süßen Träumen, oder?

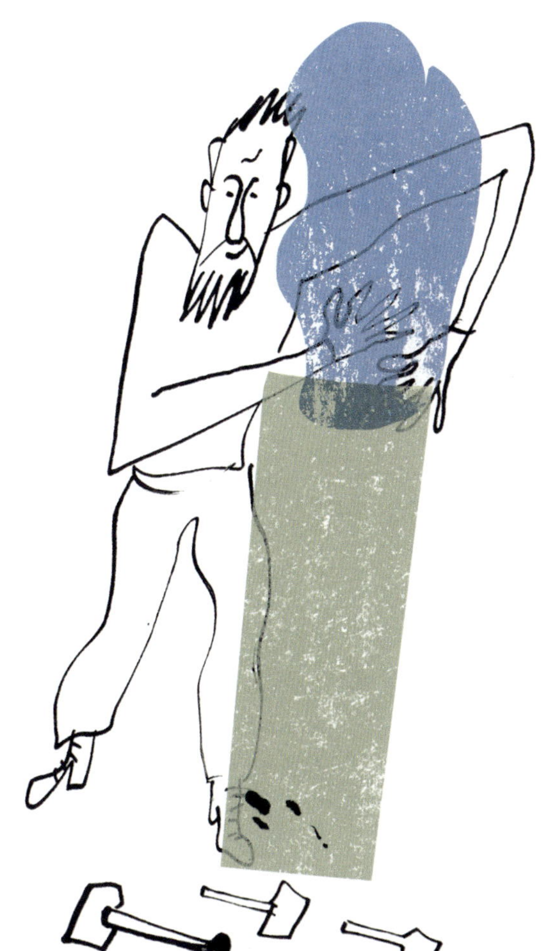

Brâncuşi war vermutlich verrückt danach, schlafende Köpfe herzustellen. Jahrelang schuf er Versionen in Holz, Marmor, Gips, Bronze, Schokolade, Schleim, Wattebällchen – na ja, die letzten drei habe ich mir ausgedacht …

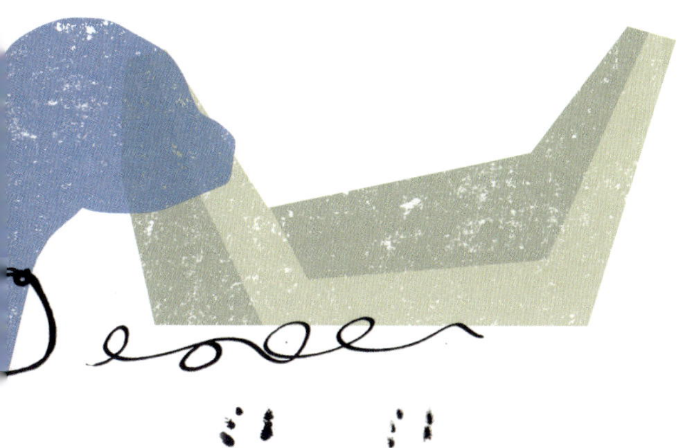

GOLDENES EI

Hast du schon einmal eine Statue gesehen, deren Muskeln so **detailreich** und realistisch aussehen, dass es einen fast gruselt? Daneben wirkt Brâncuşis goldener »Eierkopf« fast **simpel** und nicht sehr lebendig. Aber genau darum ging es Brâncuşi. Er ließ Details absichtlich weg und versuchte stattdessen, das Wesentliche einer Sache rüberzubringen. Stell dir ein **Emoji** vor – kein Mensch hat so ein Gesicht, aber es drückt doch Gefühle sehr deutlich aus, oder?

DER LANGE WEG NACH PARIS

Angesichts von Brâncuşis Lebensgeschichte müssen sich andere Künstler wie **totale Schlaffis** vorkommen. Er wurde in Rumänien als Sohn armer Bauern geboren und besuchte nie eine Schule. Stattdessen musste er bereits mit sieben Jahren **schwer arbeiten** – als Schäfer und als Putzkraft in einer Kneipe.

Brâncuşi fand jedoch Zeit, um sich selbst das Schnitzen beizubringen, und zwar so genial, dass ein reicher Unternehmer auf seine Werke aufmerksam wurde und ihn in eine Kunstschule schickte. Es gab nur ein Problem – Brâncuşi konnte weder lesen noch schreiben. Aber natürlich brachte er sich auch das **selbst** bei!

Nach der Kunstschule richtete Brâncuşi seinen Blick auf die Lichter und die verrückte neue Kunst von Paris. Das Problem dabei? Er war noch in Rumänien und hatte nicht das Geld, um die 2.300 km nach Paris zu reisen. Aber schließlich war er nicht irgendwer, sondern Brâncuşi, also **ging er eben zu Fuß**. Na, worauf wartest du?

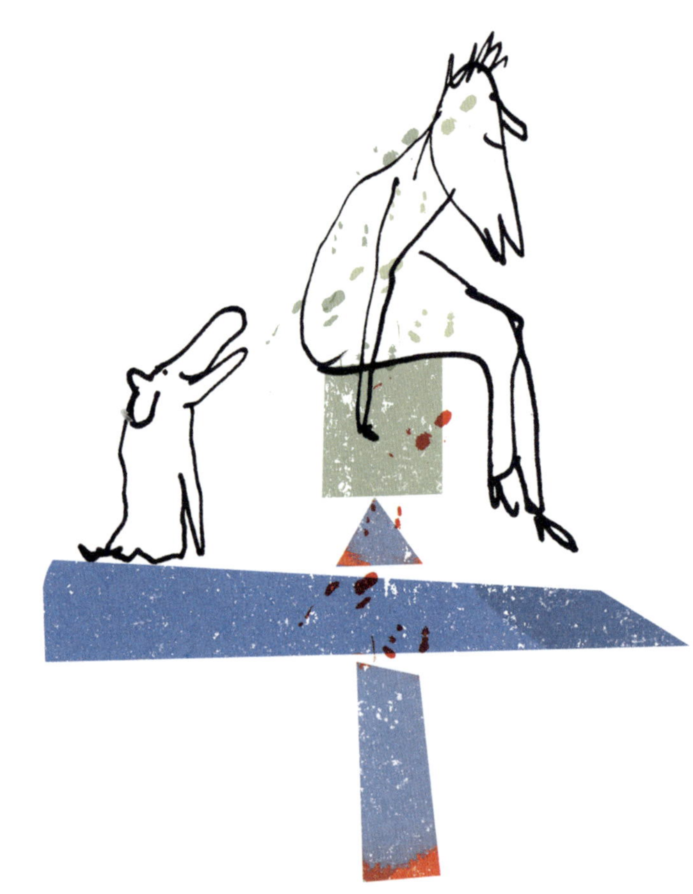

Vier in einem! Brâncuşi schuf seine *Schlafende Muse* zuerst in Marmor und nutzte dann eine Gipsform, um sie viermal in Bronze zu gießen. Zum Schluss sahen sie jedoch alle etwas anders aus, exakte Kopien sind es nicht.

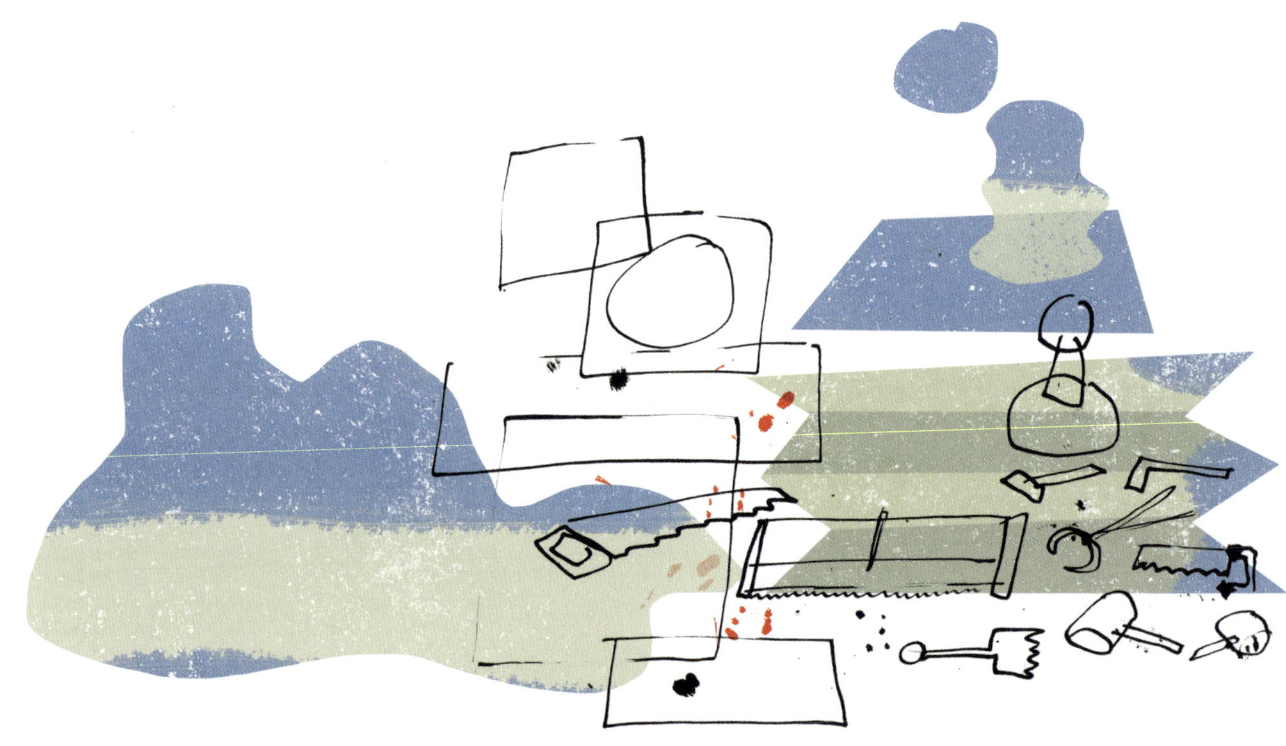

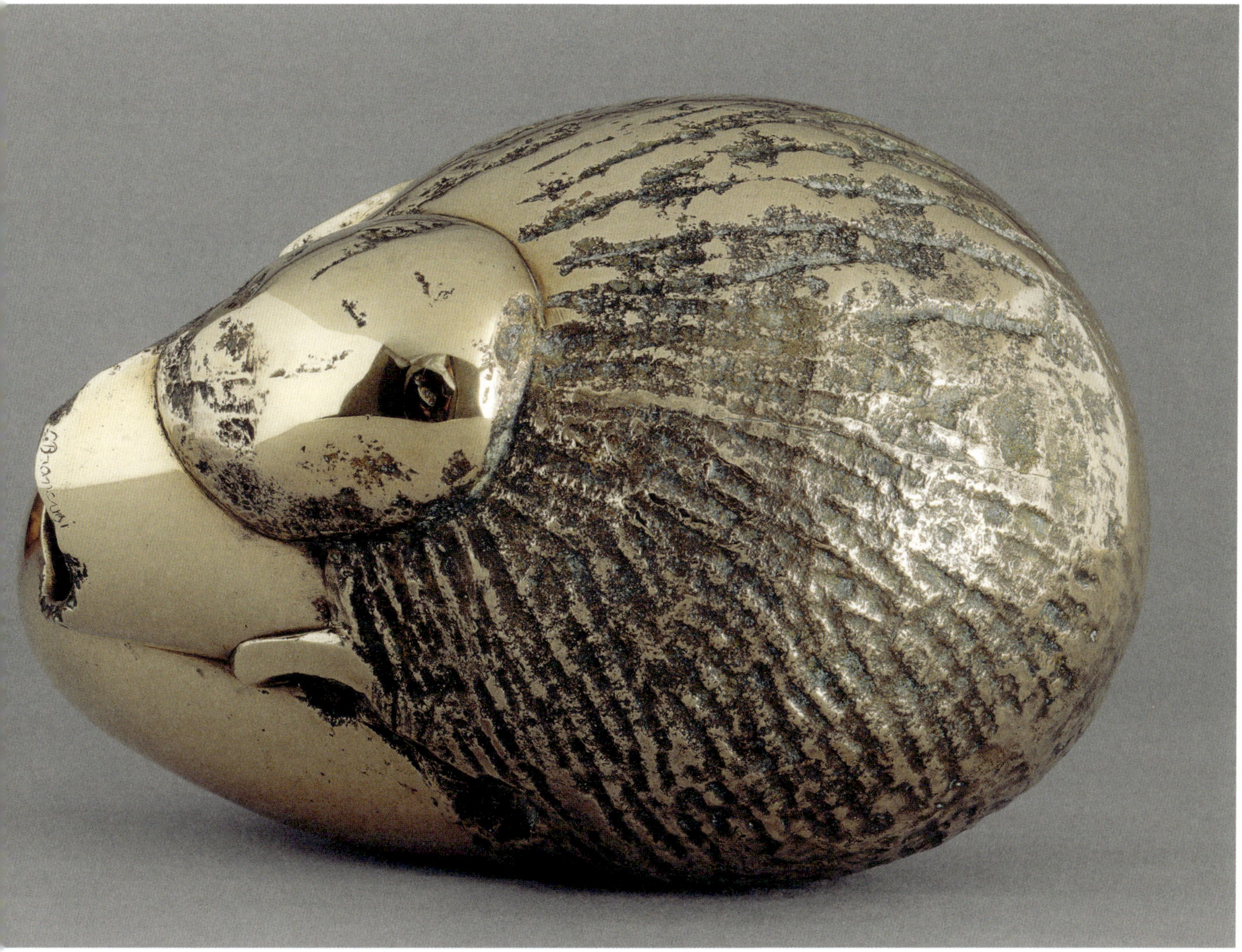

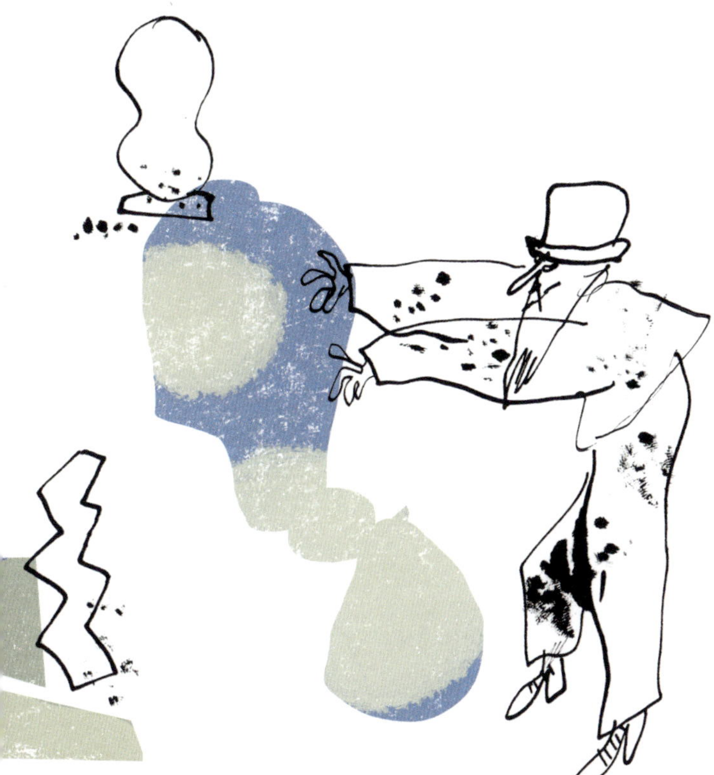

Hand anlegen!

Brâncuşis goldener Kopf schläft vielleicht glücklich und zufrieden, dem Künstler kann aber niemand Faulheit vorwerfen. Während sich viele Künstler lieber auf ihre **großen Ideen** konzentrierten und die eigentliche Arbeit anderen überließen, bestand Brâncuşi immer darauf, dass ein Künstler »selbst Hand anlegen sollte«. Seine Freunde konnten kaum glauben, wie lange er seine eigenen Skulpturen **polierte** – er brachte Wochen, ja Monate damit zu.

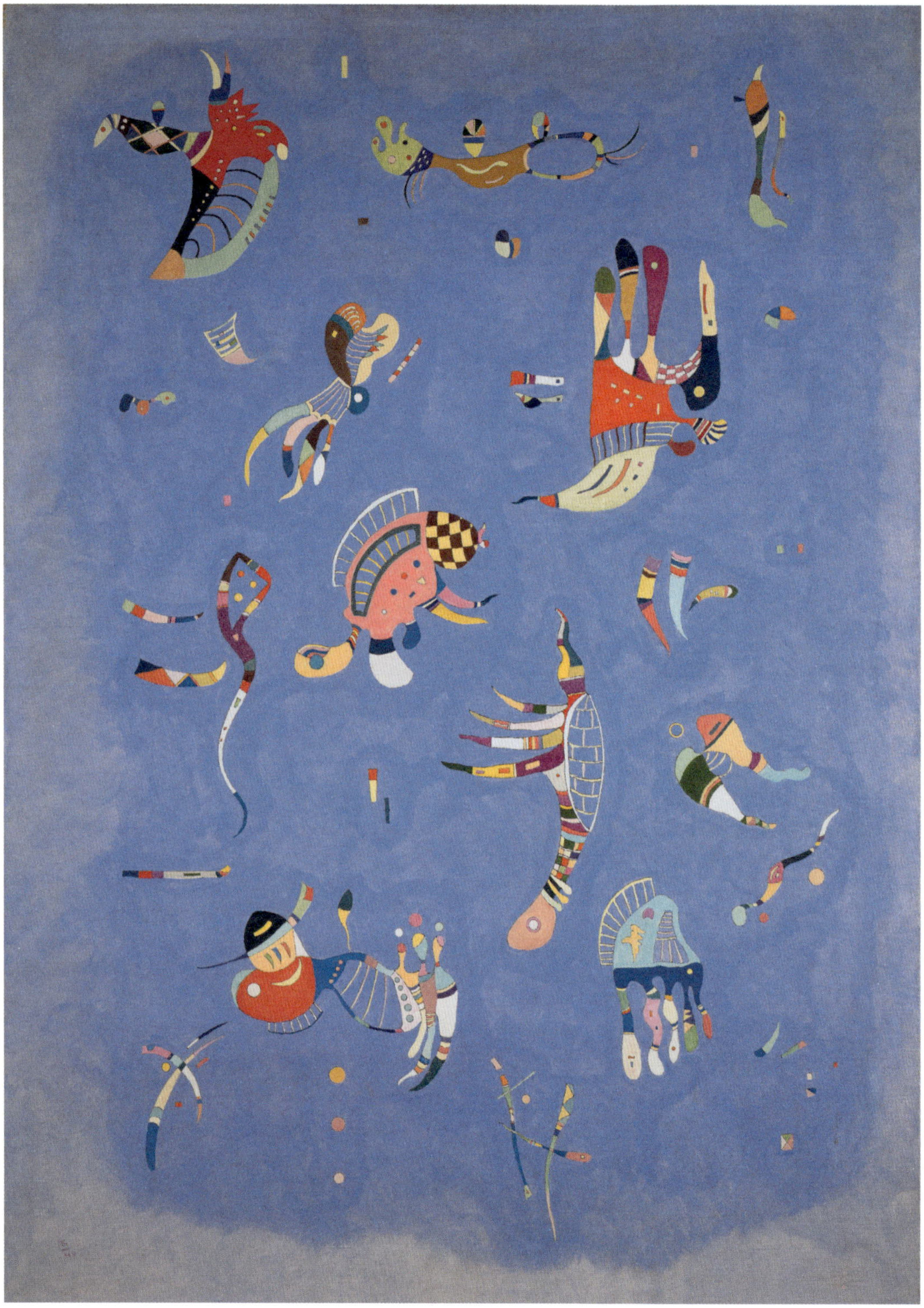

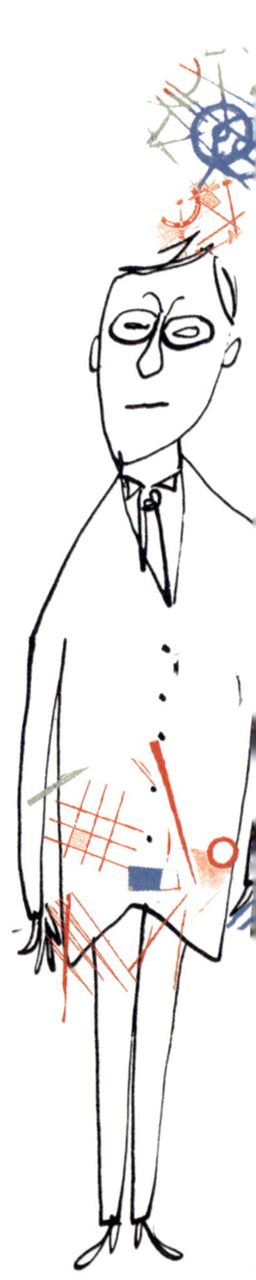

HIMMELBLAU

1940 Ölfarbe auf Leinwand

WASSILY KANDINSKY

FLIESSEND FANTASTISCH

Wassily Kandinsky, können wir mal kurz über das Gemälde reden? Da sind auf dem Kopf stehende Teufelsvögel, drachenähnliche Schaukelpferde und Tintenfische mit Leiterköpfen (zumindest sehen diese **komischen Viecher** für mich so aus). Glauben Sie wirklich, das **Blau des Himmels** ist der eigentliche Star in diesem Bild?

Kandinsky hatte einen Hang zur Farbe Blau. Er war Mitglied einer angesagten Künstlergruppierung in Deutschland, die sich **Der blaue Reiter** nannte, und alle hatten dieselbe Lieblingsfarbe. Sie glaubten, Blau habe **spirituelle Macht** und könne die äußere, sichtbare Welt mit dem mysteriösen Inneren, den Gedanken und Gefühlen, verbinden.

Schau dir die blassen, wolkenähnlichen Muster im Himmel einmal genauer an – man kann sie kaum erkennen. Im Vergleich sind Kandinskys Kreaturen klar und detailreich. Sie dringen viel leichter in unseren Kopf vor als die **feineren Mysterien** des bekannten blauen Himmels. Vielleicht wusste Kandinsky, dass Dinge in der äußeren Welt – Stühle, Hunde, Ballons – meist viel klarer zu erfassen sind als unsere **Gedanken, Gefühle und Erinnerungen.**

SACHEN SEHEN

Was war die beste Wolkenform, die du jemals gesehen hast? Meine war eine Schildkröte auf dem Klo. Ehrlich!

Sich die merkwürdigen Formen auf diesem Bild anzuschauen ist so, als schaute man in die **Wolken** – zwar erkennen wir alle möglichen bekannten Tiere und Gegenstände, aber sie sehen nicht aus, als würden sie real existieren.

Kandinsky hat mit uns gespielt. Er malte eine Menge von **Quatsch-Kreaturen** oder lebendig aussehenden abstrakten Formen in verschiedenen Farben und Mustern. Doch wenn man darüber nachdenkt, kann man darin alles erkennen – denn ist nicht alles, was wir sehen, eine Form, eine Farbe oder ein Muster?

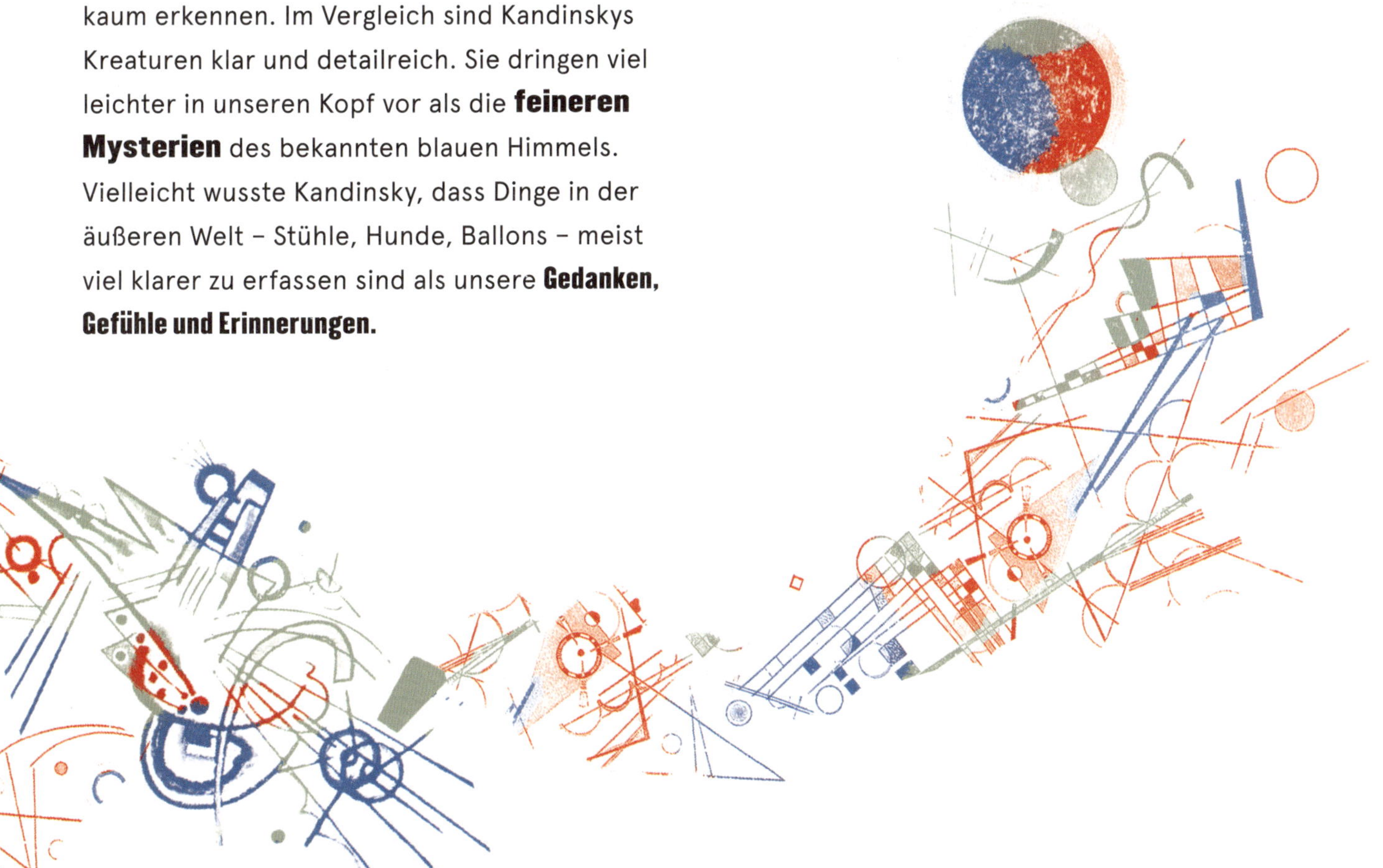

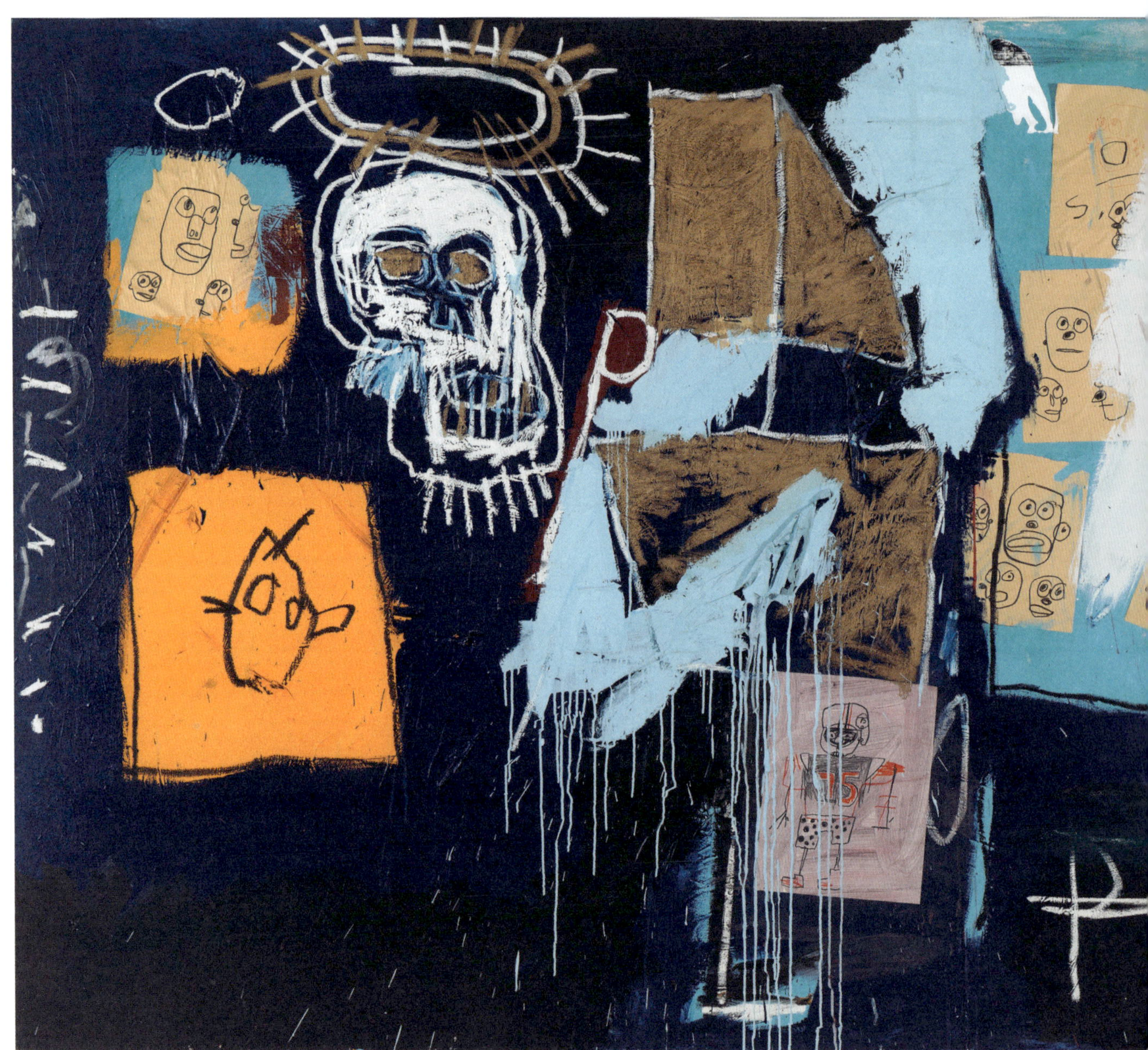

SLAVE AUCTION

1982 Sklavenauktion: Pastell- und Acrylfarben und geknittertes Papier, Collage auf Leinwand

JEAN-MICHEL BASQUIAT

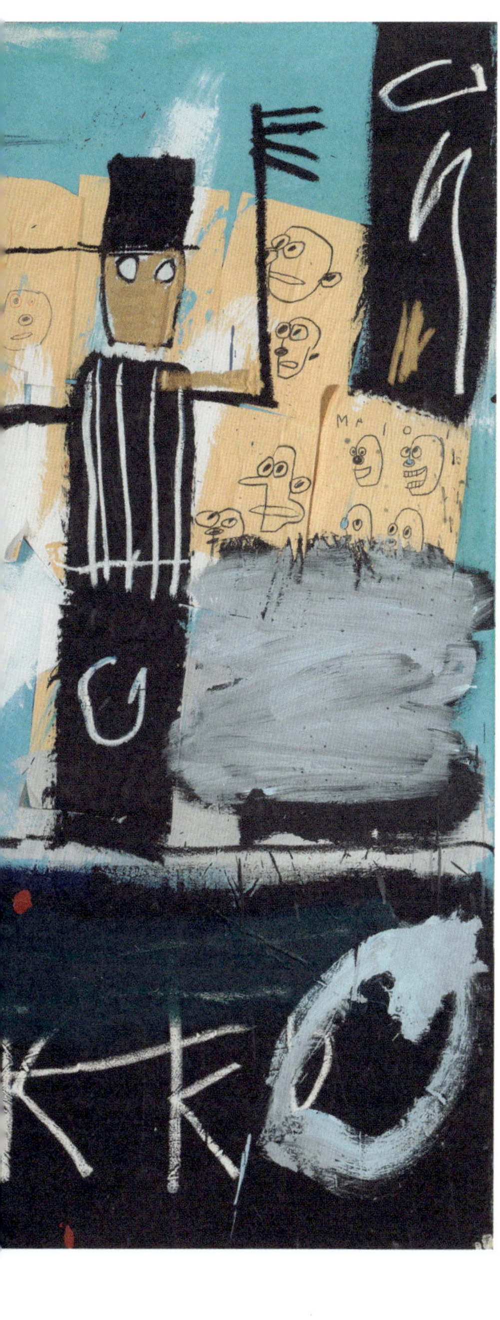

GRUSELIGES GEKRITZEL

Arghh, dieses Bild willst du nicht kurz vor dem Einschlafen anschauen, oder? Der **Schädel**, die **krakeligen Buchstaben und Symbole**, der furchterregende Mann mit dem Zylinder und den **Spinnenfingern** – das alles wirkt wie etwas, das ein Verfluchter in einem Horrorfilm an der Wand eines verlassenen Hauses findet, in dem allerlei Geister ihr Unwesen treiben ...

Die **Realität,** von der Jean-Michel Basquiat in seinen Werken erzählt, ist jedoch um vieles schlimmer als die gruseligsten Gemälde, die du dir vorstellen kannst. Schau dir den Titel des Bildes an. Dieser Gruselmann **verkauft Menschen** – Afrikaner –, die du als Zeichnungen auf dem Papier hinter ihm erkennen kannst.

Für lange Zeit waren diese Sklavenauktionen in den USA ganz normal, und die weißen Menschen, die Schwarze kauften und verkauften, hatten nicht den Eindruck, dass ein **Albtraum wahr** geworden sei. Für sie waren das Alltagsgeschäfte, als müsste es so sein, und das ist umso schrecklicher.

Wenn man weiß, worum es hier geht, wird auch klar, warum das so schrecklich aussieht. Es wäre absolut nicht richtig, wenn wir uns beim Betrachten des Bildes **angenehm** oder **ruhig** oder **glücklich** fühlen würden, schließlich geht es um die dunkelsten Stunden der Menschheitsgeschichte. Manchmal brauchen wir Gruselkunst.

GEGEN RASSISMUS

Häufig unterhalten sich die Menschen darüber, wie **cool und glamourös** Basquiats Leben gewesen sei - mit vielen Partys, Geld und berühmten Freunden. In Wirklichkeit musste er sich als junger Schwarzer jedoch auch mit jeglicher Art von **Rassismus** auseinandersetzen - von Polizeigewalt bis hin zu Taxifahrern, die ihn von seinen eigenen Ausstellungen nicht abholen wollten. Vielen Menschen in der **vornehmlich weißen** Kunstwelt stehen ihre dummen Vorurteile im Weg, sie erkennen die Größe von Basquiats Werken nicht. Sie bezeichnen ihn lediglich als »letzten Schrei« und nicht als ernsthaften Künstler.

Basquiat malte immer und überall – nicht nur auf Leinwände, auch auf Wände, sogar auf Kühlschranktüren, die er auf der Straße fand. Bis zu seinem tragischen, frühen Tod mit nur 27 Jahren schuf er 1.000 Gemälde und um die 3.000 Zeichnungen.

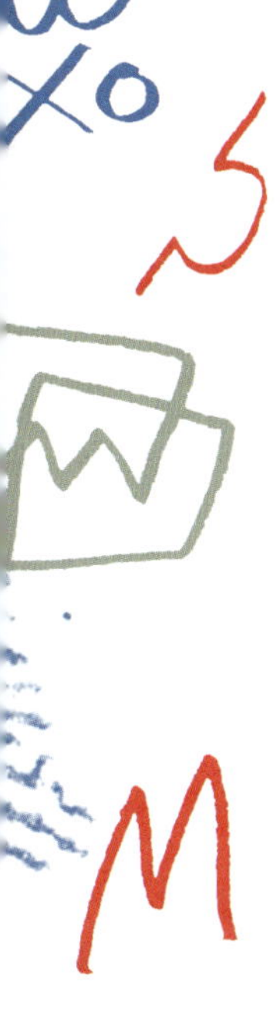

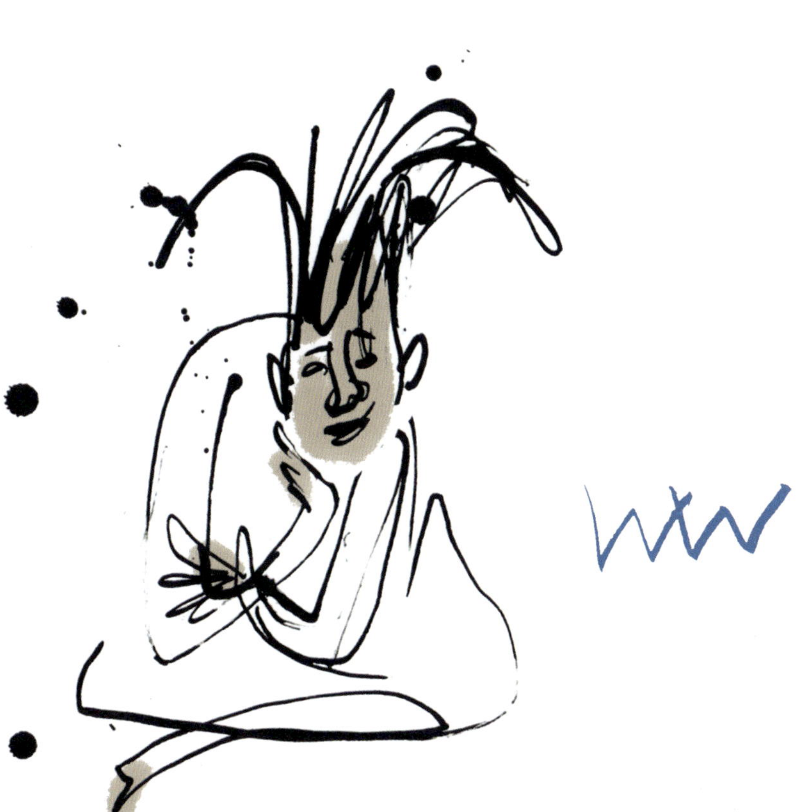

ZEICHEN UND SYMBOLE

Basquiat erklärte seine Kunst nie, er sagte: »Wenn du sie nicht verstehst, ist das dein Problem.« Vermutlich eine gute Lösung, um nicht ständig mit Fragen genervt zu werden …

Wir wissen also nicht sicher, was die verschiedenen Formen und Kritzel wirklich bedeuten, eines aber wissen wir: Nur zum Schmuck dienen sie nicht. Basquiat liebte es, mehr über verschiedene Symbole und Codes zu erfahren, von der **Höhlenmalerei** und **ägyptischen Hieroglyphen** bis zu den **»Hobo-Zeichen«**, die Obdachlose in den USA in Zäune ritzten, um einander Botschaften zu hinterlassen.

Manche Formen in *Slave Auction* sehen sehr nach Symbolen aus dem »Hobo-Code« aus. Siehst du die **leeren Kreise** überall im Bild? Sie bedeuten: »Hier gibt es nichts zu holen.« Ein **Zylinder** wie der des Auktionators kennzeichnete eine reiche Person. Und **mehrere horizontale Linien** wie an den Händen des bedrohlichen Auktionators standen für verschiedene Gefahren – unsichere Orte, gewalttätige Polizisten und bissige Hunde.

Erkennst du, welche Verbindungen diese Zeichen und Ideen zur Sklaverei herstellen und wie Schwarze in Amerika noch immer Gefahren in ihrem Land begegnen?

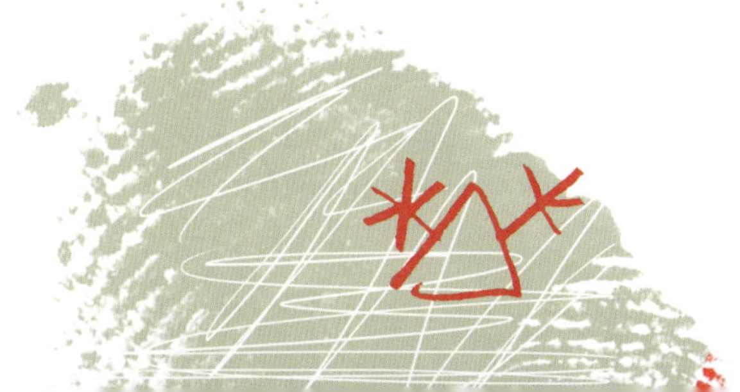

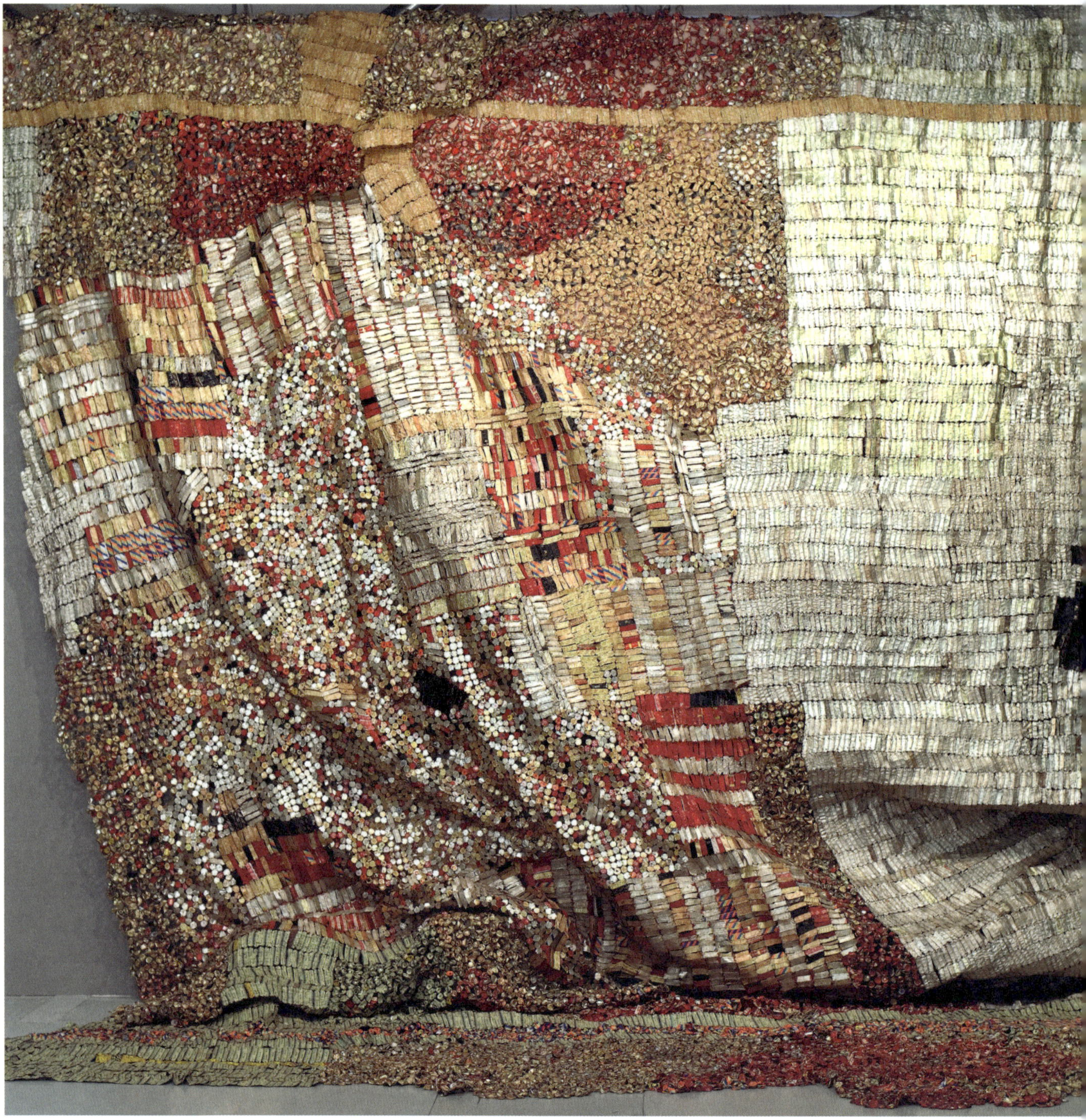

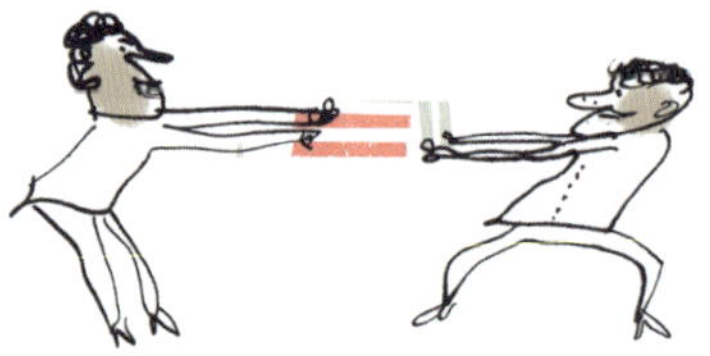

SASA (MANTEL)

2004 Wandinstallation aus flachgedrückten Alu-Flaschenverschlüssen, zusammengehalten von Kupferdraht

EL ANATSUI

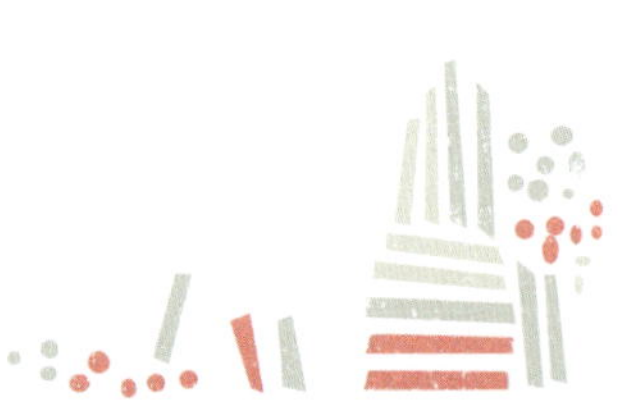

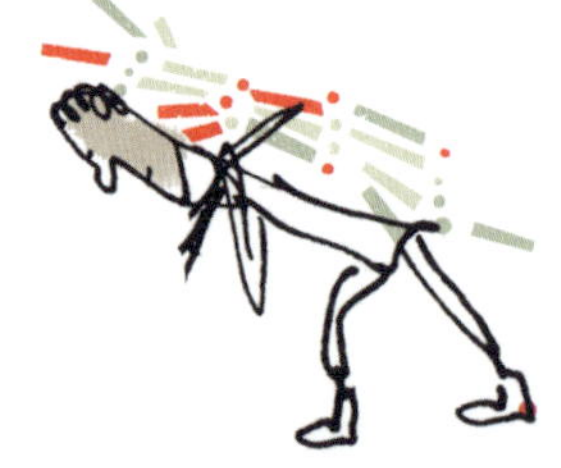

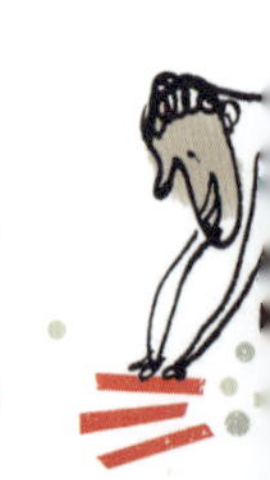

ZUGEDECKELT

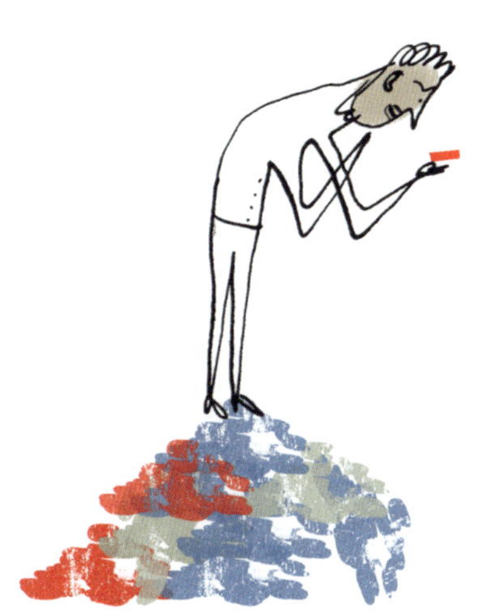

Woooaaahh, was für ein riesiges Bettlaken. Das einzige Bett, auf das es passen würde, müsste aber super-super-super-super-riesengroß sein. Allerdings wäre das Laken im Bett wohl ziemlich unangenehm, denn es besteht aus Tausenden **plattgedrückten Flaschendeckeln aus Metall**, zusammengewoben mit Kupferdraht. Autsch!

Doch El Anatsui ist auch kein Raumausstatter. Dieses riesige Metalltuch **verbindet** wichtige Gedanken über Geschichte und Kultur und über das moderne Leben Afrikas.

Zum Beispiel ist dieses Werk durch **Kente-Stoff** inspiriert, den die privilegierten und **mächtigen** Leute in Ghana tragen, woher Anatsui stammt. Doch sein Stoff wurde aus weggeworfenen Flaschenverschlüssen gewebt – also vom **modernen Müll**, der sich in der ganzen Welt auftürmt. Macht das den Stoff jetzt weniger **wertvoll**, oder ist das nur ein neuer Dreh in der Tradition, um die Lebensrealität der Menschen von heute widerzuspiegeln?

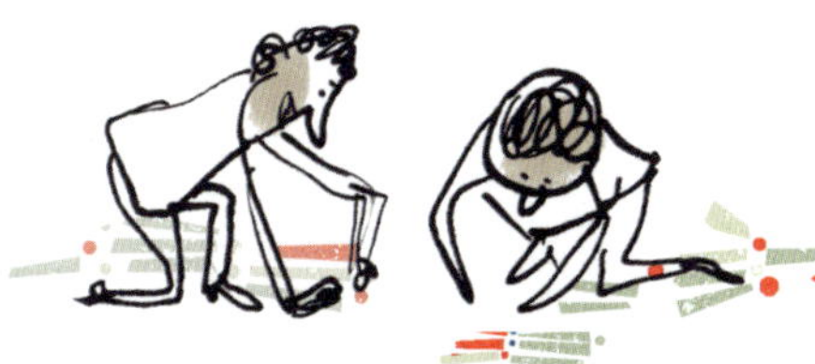

WEBEN MIT MÜLL

Anatsui sagte: »Künstler arbeiten besser mit dem, was ihre Umgebung hergibt.« Und er ist ziemlich gut darin, sich diesen Rat zu Herzen zu nehmen. Anatsui ließ sich zu der riesigen Metalldecke inspirieren, als er einen **riesigen Haufen Flaschenverschlüsse** in seinem Atelier fand. Wenn du also das nächste Mal dein Zimmer aufräumen sollst, beschwer dich doch einfach lautstark, weil **jemand deine Kunst zerstört!** Einen Versuch ist es wert …

Manche Künstler sind ziemlich pingelig, wenn es darum geht, ihre Kunst in einer Galerie auszustellen. Anatsui nicht – er gibt keine Anweisungen, wie seine riesigen Werke anzubringen sind. Er überlässt das der Kreativität der Galerien. Das nenne ich echtes TEAMWORK.

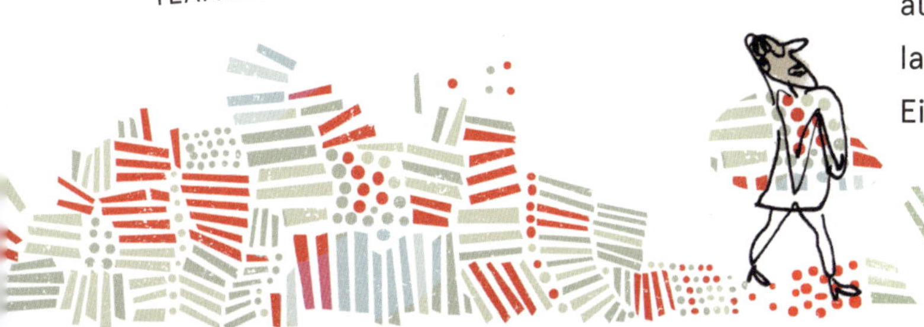

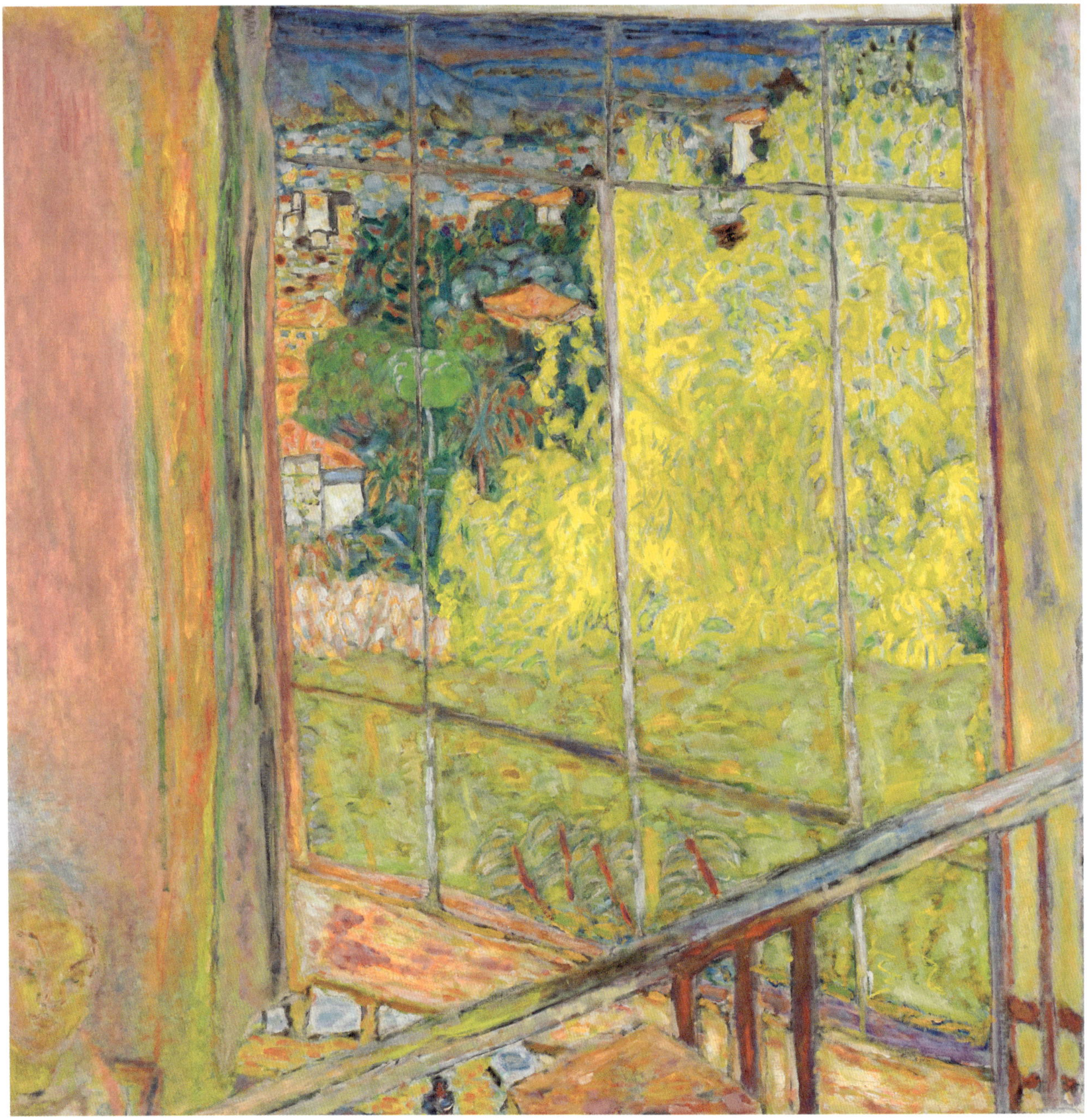

DAS ATELIER MIT AKAZIE

1933–1946 Öl auf Leinwand

PIERRE BONNARD

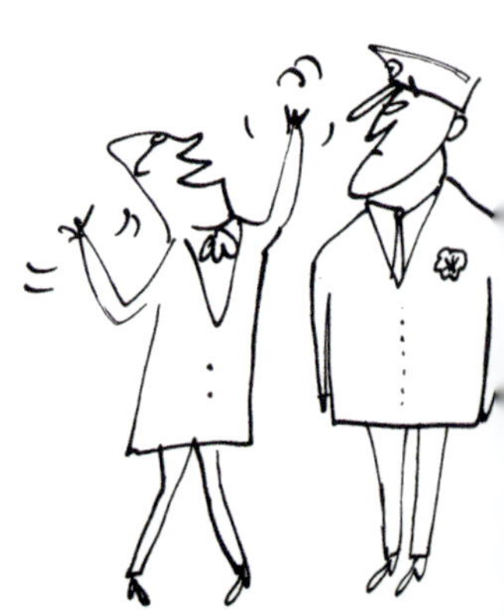

SANFTES GELB

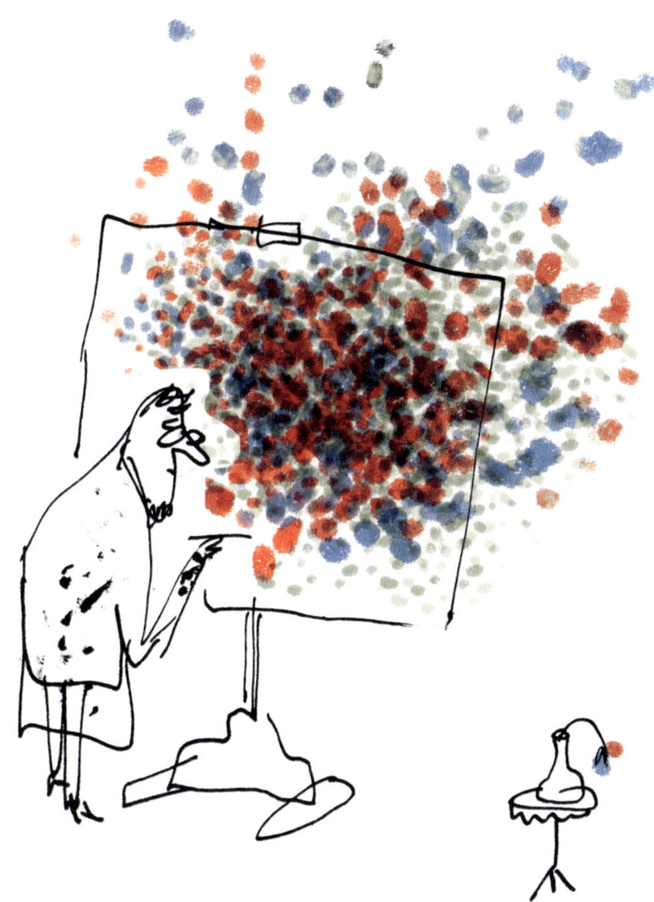

Hey, Bonnard, **Augen auf!** Ein struppiges, gelbes Monster hat die halbe Landschaft gefressen und ist scharf auf dein Haus! Oh, Moment ... Was soll das sein? Ein Akazienbaum? Ah ja. Könnte mal einen **Schnitt** vertragen, meinst du nicht auch?

Der französische Maler Pierre Bonnard war anderer Meinung. Er wollte die Akazie möglichst **riesig** und **leuchtend** haben – nicht so wie in Wirklichkeit. Er wartete, bis sie aufgehört hatte zu blühen, erst dann malte er das Bild, sodass er sich auf sein Gedächtnis verlassen musste.

Generell war Bonnard ziemlich darauf erpicht, seine Werke genauuuuu richtig hinzubekommen. Bis er dieses Bild für fertig erklärte, dauerte es elf Jahre – der **Zweite Weltkrieg** kam und ging, während er immer weiter Farbe auf die Leinwand tupfte. Eines seiner anderen Gemälde hing bereits in einer Galerie, als er einen Freund bat, die Wache abzulenken, sodass er noch einen **Klecks** Farbe hinzufügen konnte!

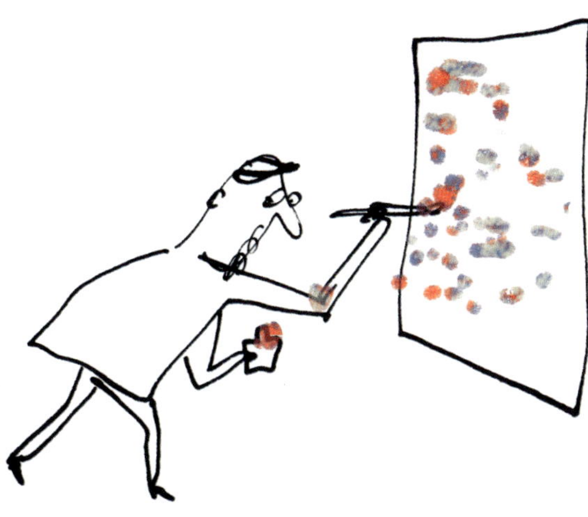

Kuckuck!
Löse mal kurz deine Augen von der Akazie – was siehst du noch? Unten links in der Ecke ...

Buh! Habe ich dich erschreckt? **Unheimlich**, die Dame, die sich in der Wand versteckt, oder? Manche glauben, es sei Bonnards Frau Marthe, die vier Jahre, bevor er dieses Gemälde fertigstellte, starb.

Wer auch immer sie ist, sie ist ziemlich hilfreich. Versuche mal, sie mit der Hand zu verdecken. Wird dir beim Anblick des Bildes jetzt plötzlich etwas **schwindelig**, als würdest du aus großer Höhe nach unten schauen? Das Bild **braucht** die Figur für die Balance.

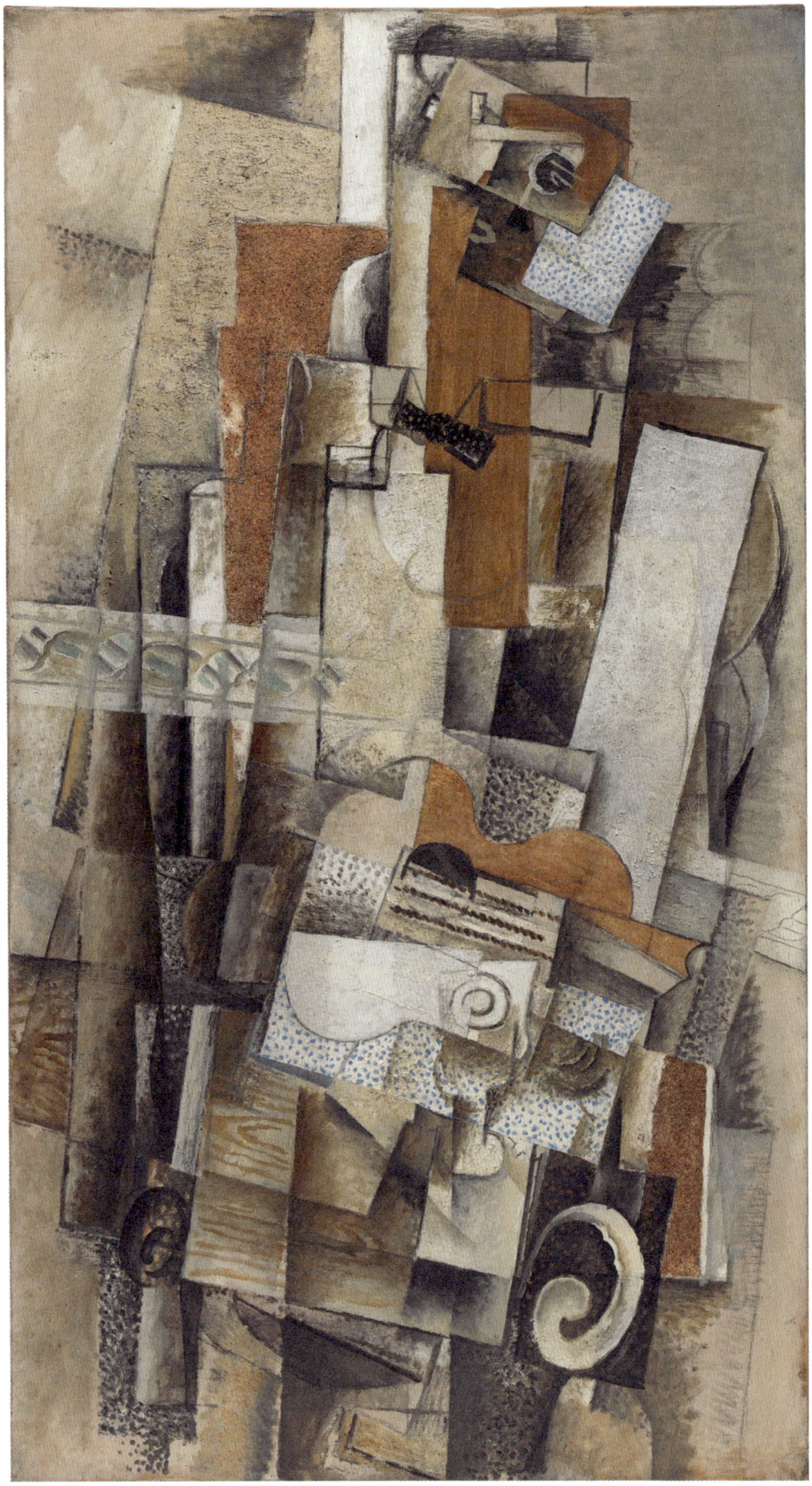

MANN MIT GITARRE

1914 Ölfarbe und Sägespäne auf Leinwand

GEORGES BRAQUE

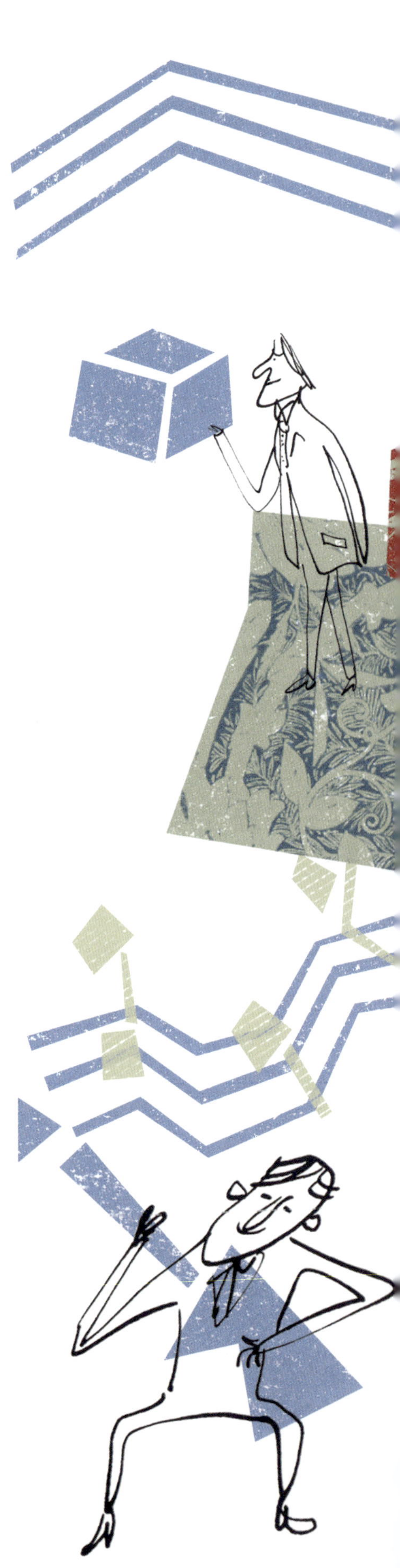

ZERBROCHEN

Was genau sehen wir hier? Ist der *Mann mit Gitarre* zu einem Haufen Rechtecke **explodiert,** während ihn Georges Braque malte? Das wäre die einzig mögliche Erklärung für dieses Durcheinander.

Nun ja, dieser Stil heißt **Kubismus** – die Gemälde sollen so blockartig aussehen. Am besten versteht man ihn, wenn man weiß, dass Braque den Mann mit seiner Gitarre **aus allen Blickwinkeln gleichzeitig** zeigen wollte. Von unten, oben, von den Seiten und von innen nach außen.

Wedele mal ganz schnell mit deiner Hand vor deinem Gesicht. Braques Bild sieht zwar ziemlich merkwürdig aus, aber so weit ist es gar nicht von dem entfernt, wie unser Gehirn die Welt um uns herum erkennt. Unser Hirn muss alles, was wir sehen, **in Stücke zerlegen** und schließlich wieder **miteinander verbinden.**

Kannst du dir vorstellen, dieses Bild an der Seitenwand deines Wohnhauses vorzufinden? Braque ist gelernter Maler, Anstreicher und Dekorateur, genau wie sein Vater und sein Großvater. Selbst als Künstler verwendete er häufig Baumaterialien wie Sand, Sägespäne und Tapetenreste, um etwas Struktur in seine Bilder zu bringen.

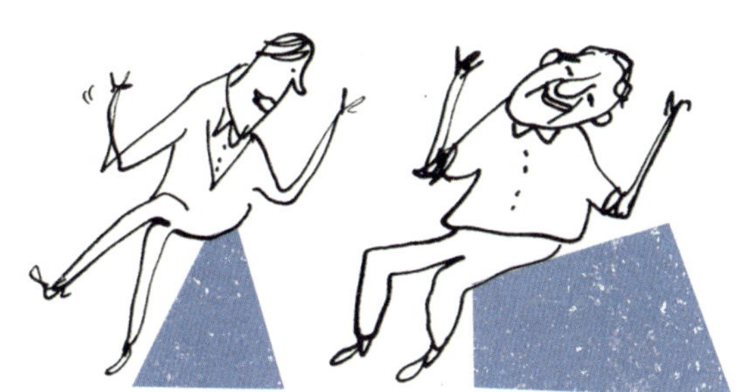

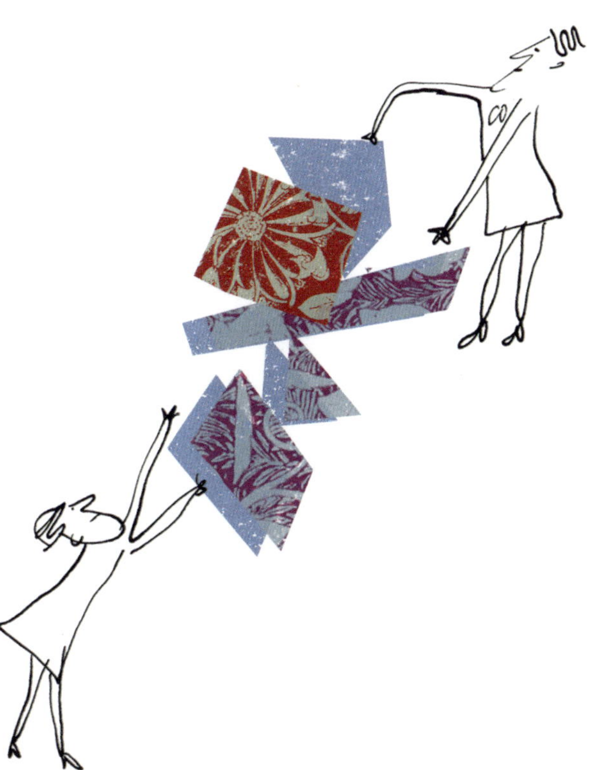

BRAQUES BROMANCE

Braque hat den Kubismus nicht allein erfunden – er tat sich dazu mit dem jungen spanischen Maler Pablo Picasso zusammen (ihn findest du auf den Seiten 66–67). Die beiden hingen jahrelang gemeinsam ab, malten und **führten lange Gespräche über Kunst**, vermutlich ungefähr so: »Ich mag dich, Junge, das ist **genial**, wir werden die Kunst für immer verändern. Oh, klar, mach die Nase zu einem **Quadrat**.«
Sie selbst nannten ihre neue Kunstrichtung aber nicht Kubismus, der Name kommt vermutlich aus der Bemerkung eines Kunstkritikers, dass eines von Braques Gemälden aussähe, als bestünde es **aus Würfeln (Cubes)**. Das war's vermutlich ...

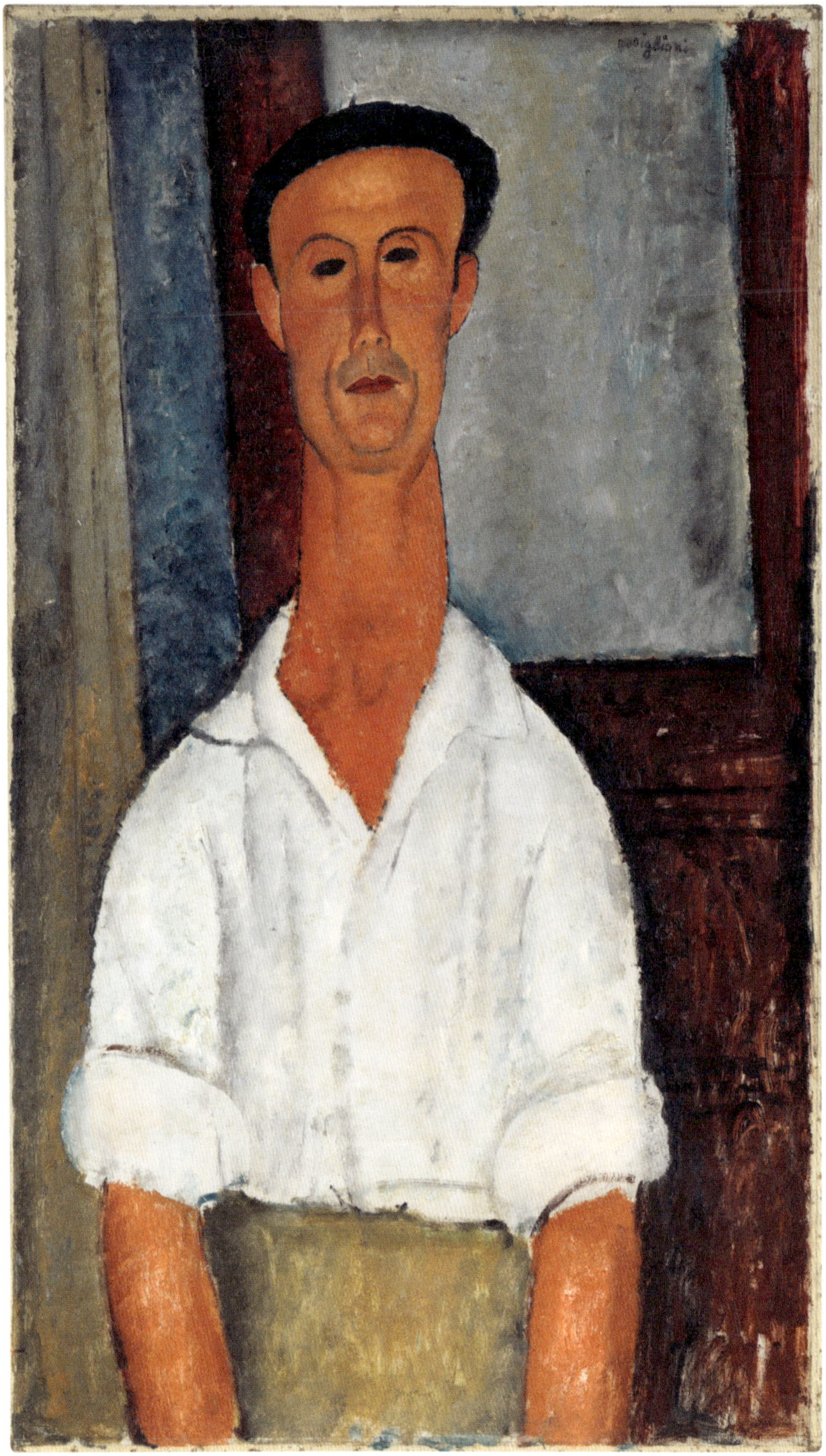

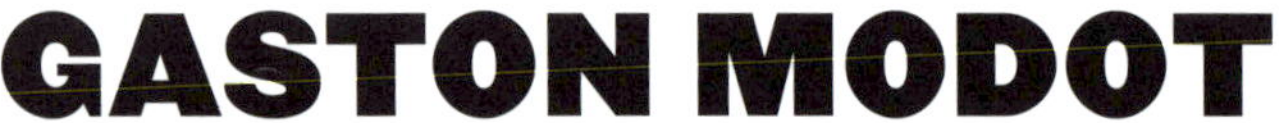

GASTON MODOT

1918 Ölfarbe auf Leinwand

AMEDEO MODIGLIANI

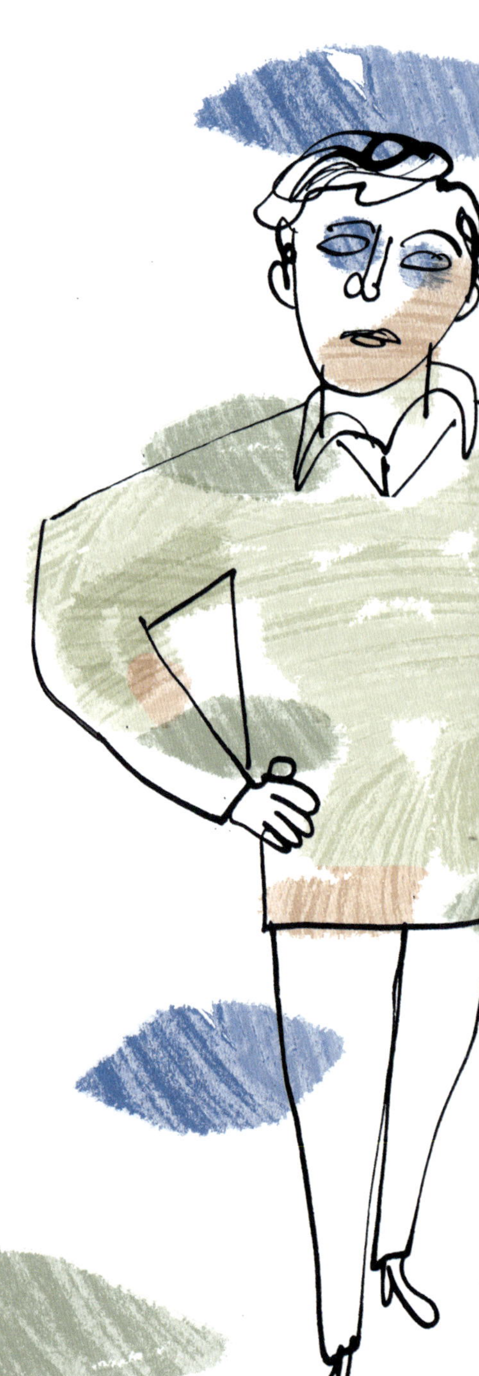

LANGE HÄLSE

Wow, das ist mal ein Hals, oder?! In diesem Gemälde wird der Schauspieler Gaston Modot porträtiert, der dem Künstler Modell saß – dabei war er gar nicht für seinen Giraffenhals bekannt. Doch Modigliani streckte gern die Körper seiner Modelle richtig **laaaaaaang** – vor allem ihre Gesichter und Hälse.

Als er dieses Porträt malte, hatte er es sich bereits zur Gewohnheit gemacht, allen einen kleinen Mund und **leere, mandelförmige, einfarbige Augen** zu geben. Warum wollte er unbedingt diese gekünstelten Gesichter malen, die alle irgendwie gleich aussahen? (Selbst der Hintergrund des Gemäldes gibt keinen Hinweis auf die Persönlichkeit des Modells.) Das ist sehr **ehrlich**. Keiner von uns sieht die Welt anders als durch seine eigenen Augen, beeinflusst von unseren Erfahrungen und Ideen. Statt so zu tun, als könnte er die »Wahrheit« oder die »Realität« abbilden, zeigt uns Modigliani, wie er einen jeden **vereinfachen und verzerren** kann, um ihn so zu zeigen, wie er in unserer Vorstellung aussieht.

Der Mann oder die Maske?

Modigliani entsprach dem Klischee des **tragischen, hungernden Malers,** der es im Leben nicht leicht hatte, früh starb und erst nach seinem Tod berühmt wurde. Er war furchtbar arm, konnte seine Werke fast nie verkaufen und war in der Pariser Kunstszene für seine schrille Kleidung, seine Trinkerei und seine vielen Geliebten ebenso berühmt wie für sein Talent.

Doch Modigliani trug seinen Ruf wie eine Maske, hinter der er **die Leiden** seiner schlechten Gesundheit versteckte. Er litt unter Tuberkulose, einer Infektionskrankheit, die ihn schließlich das Leben kostete. Doch er wollte nicht, dass die Menschen ihn deswegen fürchteten, bedauerten oder mieden. Modigliani sagte wohl, wenn man Kunst schafft, »schaut man mit einem Auge auf die Welt, mit dem anderen in sich hinein«. Was meinst du: Sieht der Mann auf dem Bild aus, als **würde er eine Maske tragen**?

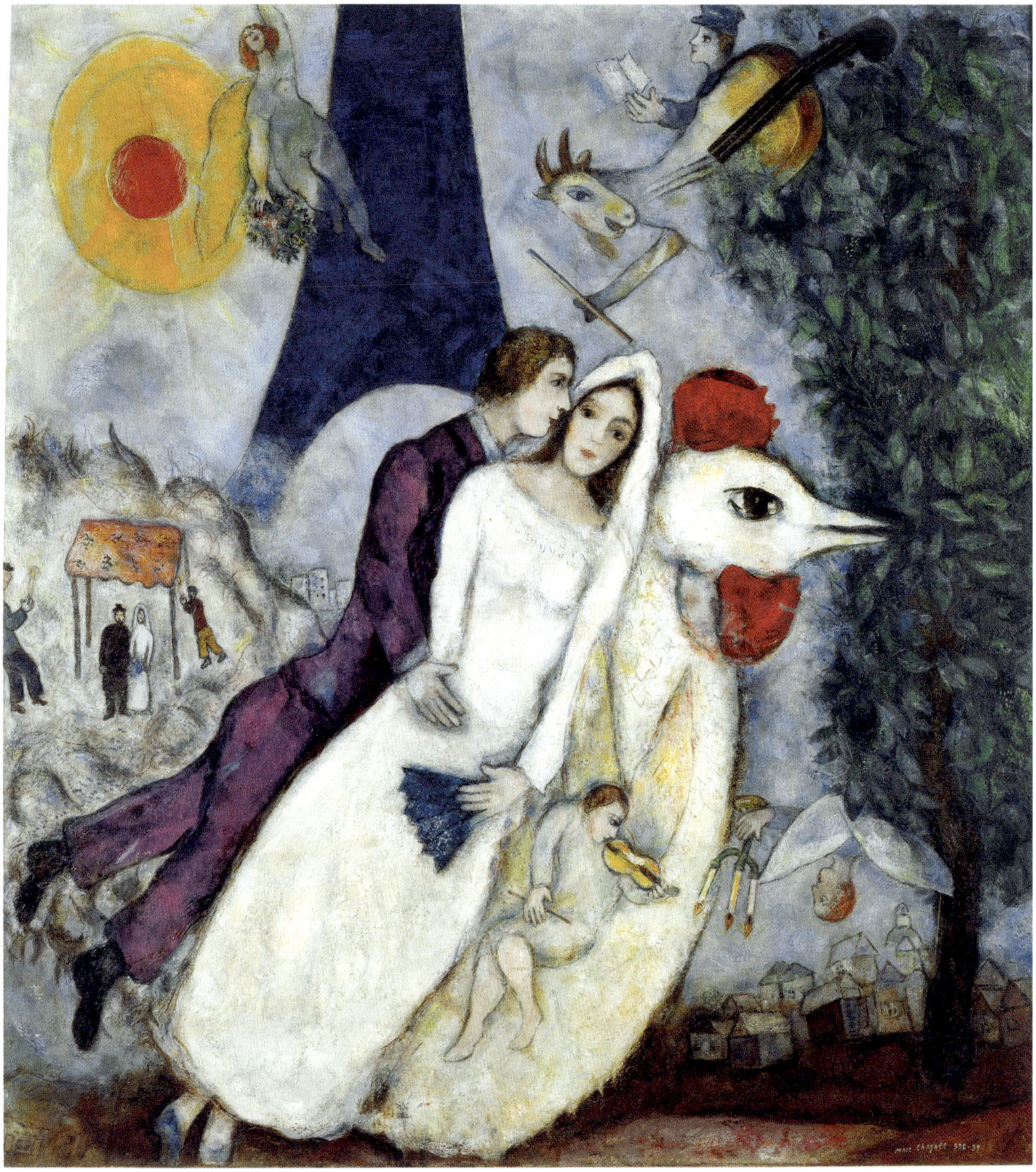

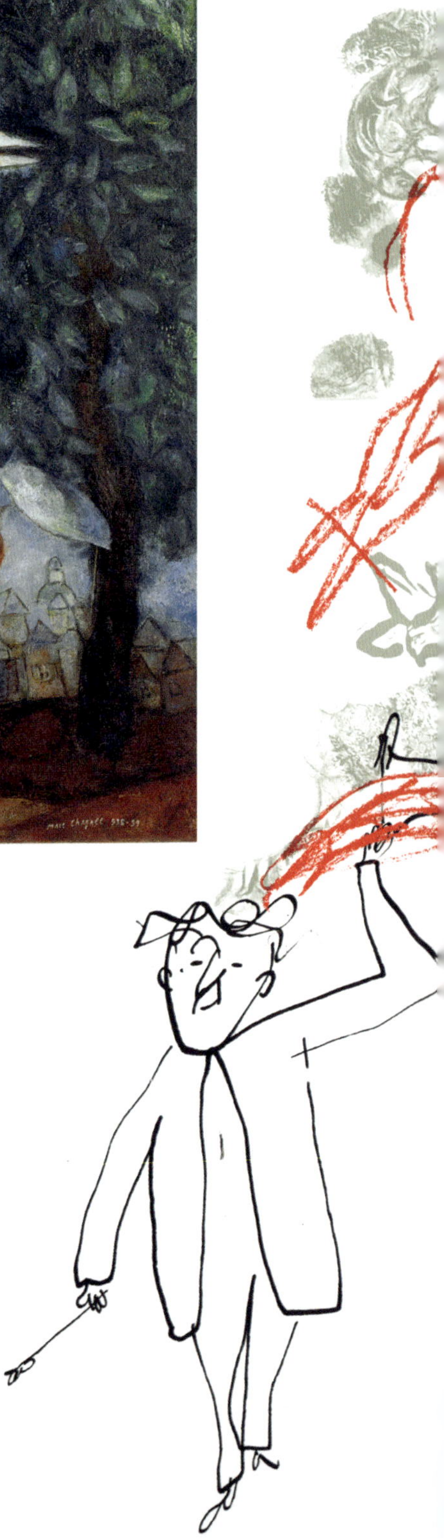

BRAUTPAAR MIT EIFFELTURM

1938–1939 Ölfarbe auf Leinen

MARC CHAGALL

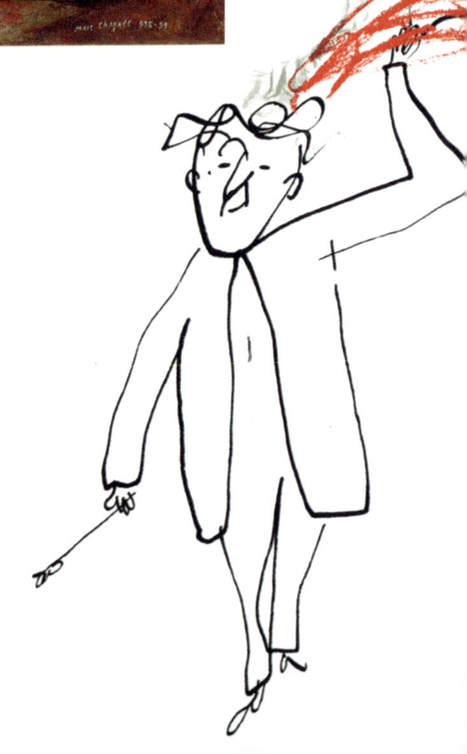

LIEBE UND EIN RIESIGES HUHN

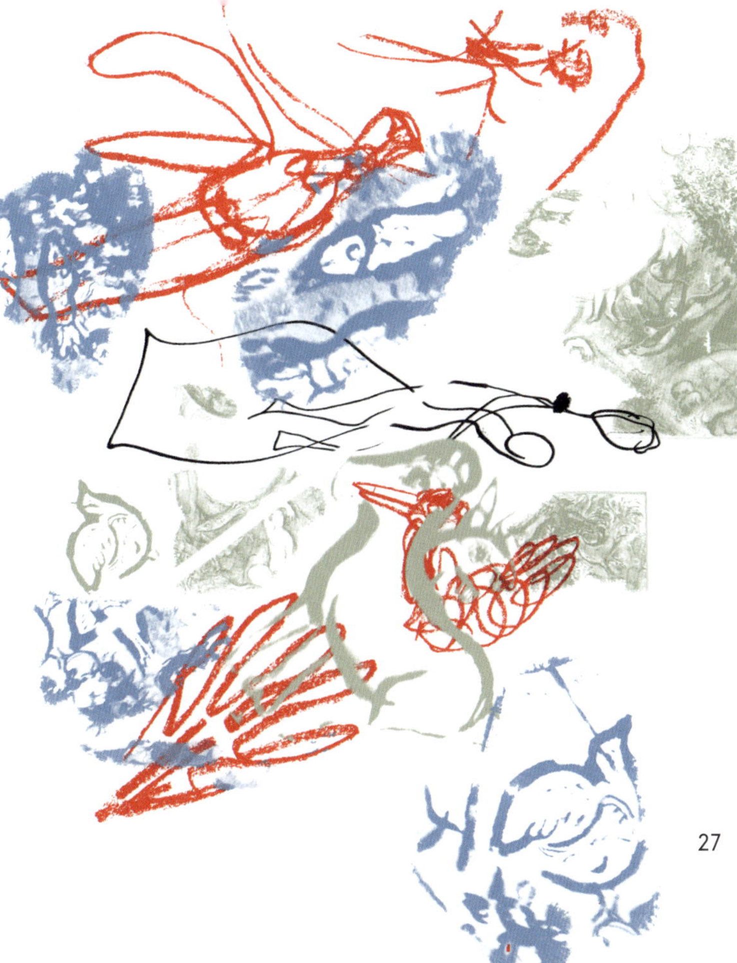

Okay, Zeit für die Chagall-Challenge – du hast 30 Sekunden, um das **verrückteste** Ding in diesem Bild zu finden. Ich warte ...

Also, was ist es bei dir? Der Engel, der kopfüber im Baum hängt? Dieses entsetzlich **große HUHN?** Die ziegenähnliche Kreatur, die auf ihrem Hinterteil Musik macht? Keine Sorge, wenn das für dich alles **keinen SINN** ergibt –selbst Chagall sagte, er hätte sein Werk nie wirklich verstanden, er wollte den Menschen einfach nur zeigen, wie es in seinem Kopf aussehe.

Das muss wirklich ein ziemlich schräger Ort sein, aber ist das nicht überall so? Und er sieht zumindest fröhlich aus – voll bunter Farben, Kreaturen und Menschen, die einander so sehr lieben, dass sie durch die Luft **schweben.** Dennoch ist mir der Blick des Huhns nicht geheuer ... dieses große Knopfauge ... ich weiß nicht.

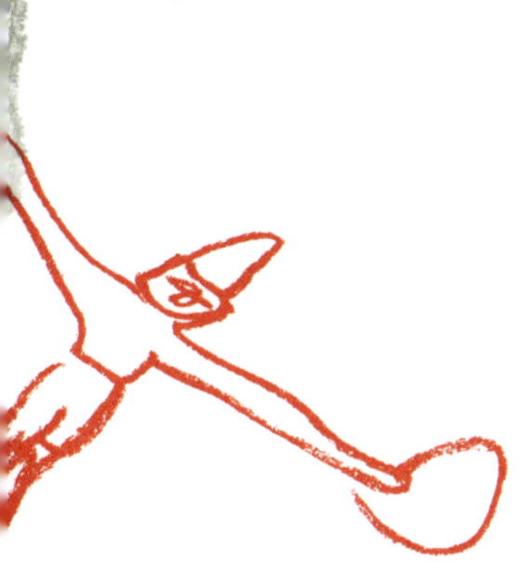

DAS GLÜCKLICHE PAAR (ODER SIND ES MEHRERE?)

Wer also ist das Brautpaar am Eiffelturm? Das Paar, das auf dem Huhn reitet? Oder das auf der Wolke? (Was für eine Frage ...) Schau mal genau hin, was jede Braut in der Hand hält. Hmmm, sie haben beide einen **blauen Fächer** ...

Weil es sich bei beiden um dieselbe Frau handelt – Bella, Chagalls Ehefrau. Und der Mann? Ja, genau, das ist Chagall selbst. Wir schauen in ihre Vergangenheit, sehen, wie sie unter einer traditionellen jüdischen Chuppah getraut wurden und später in Frankreich **verträumt** unter dem Eiffelturm schweben. Siehst du, man braucht Dinge wie die Ziege mit Violinenhintern, damit es nicht gar zu kitschig wird.

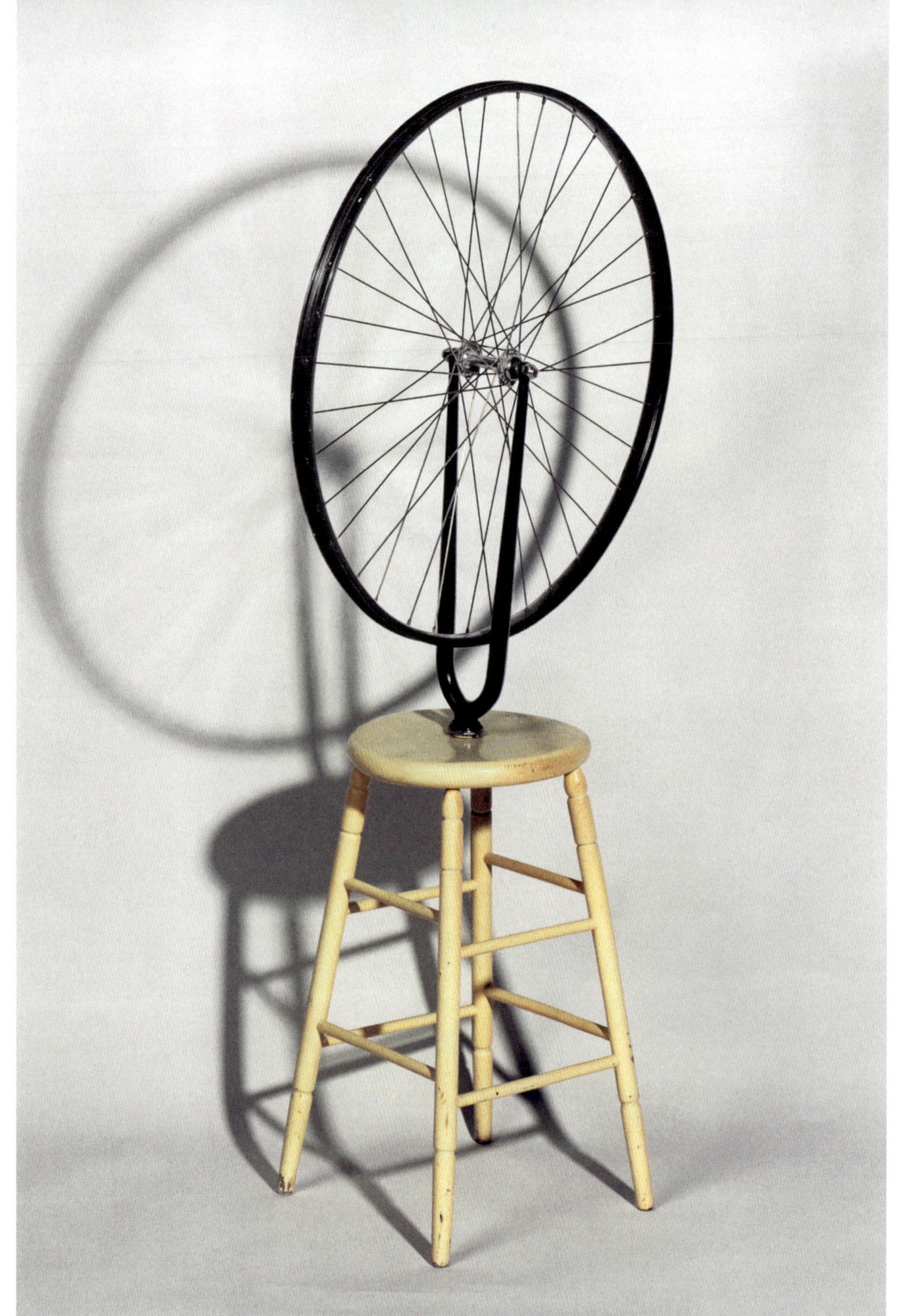

FAHRRAD-RAD

1913/1964 Fahrrad-Rad auf Holzhocker

MARCEL DUCHAMP

KEIN RAD AB

Nun schau dir das an, jemand hat mitten in dieser Kunstgalerie einen Haufen Müll liegen lassen. Entschuldigung, Museumswärter, können Sie das bitte **wegräumen?** Es verstellt den Blick auf die Kunst. Moment, wie bitte? Oh, nicht doch! Sollen wir im Ernst glauben, dass jemand ein Fahrrad-Rad **verkehrt herum** auf einen Hocker stellen kann und – ta-daa! – fertig ist das Meisterwerk?

Natürlich kann man davon halten, was man will, aber viele Menschen halten dies für eines der **wichtigsten** Werke moderner Kunst überhaupt. »Aber ich könnte das doch auch!«, wirst du denken. »Ich könnte einen Regenschirm auf einen Grill stellen und selbst ein außergewöhnlicher Künstler werden.« Großartig! Genau das wollte Marcel Duchamp den Menschen zeigen. Er wollte demonstrieren, dass **alles** Kunst sein und sie **jeder** herstellen kann.

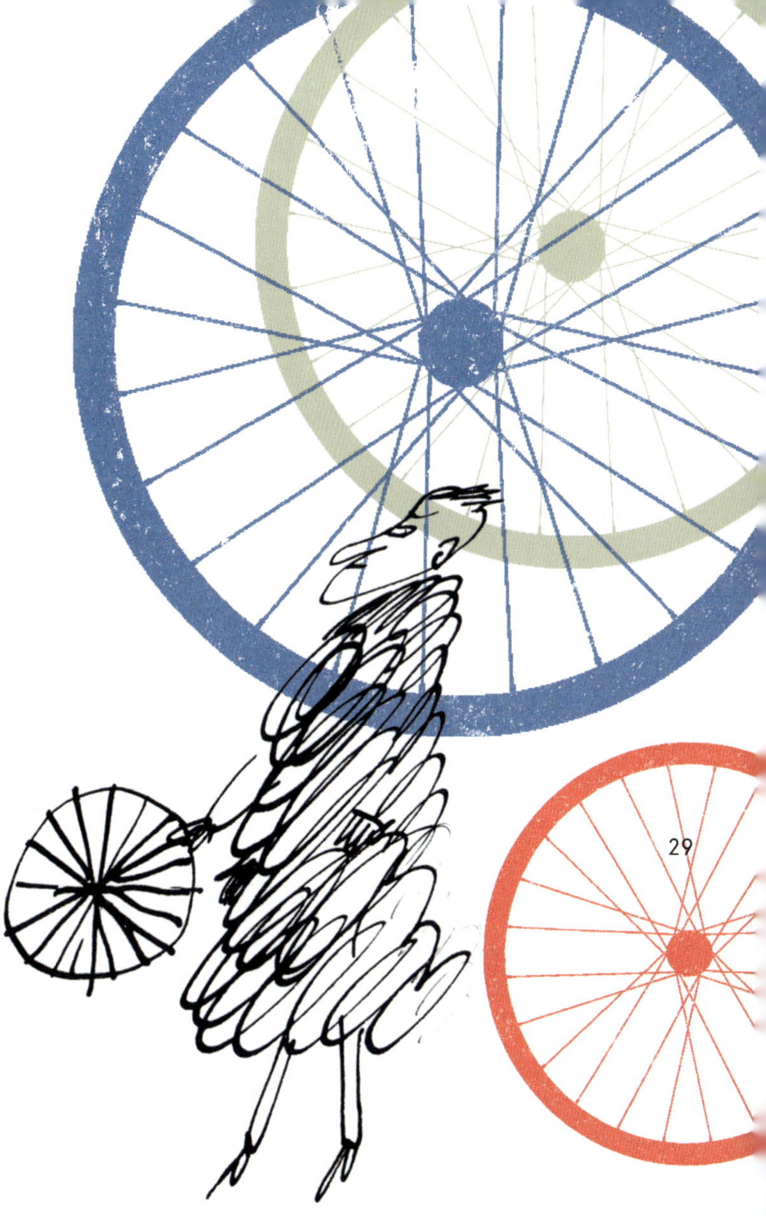

(NICHT) AM RAD DREHEN

Als dieses Kunstwerk zum ersten Mal ausgestellt wurde, ermunterte Duchamp die Leute, **das Rad zu drehen**. Er spielte gern – mit Rädern, mit Ideen und mit anderen Dingen, die er für Kunst hielt – und er wollte andere ermutigen, das auch zu tun.

Heute solltest du das aber lassen! Warum? Weil das Objekt inzwischen ein »unglaublich wertvolles Stück von kunsthistorischer Bedeutung« ist und du von den Museumswärtern hinausgeworfen wirst. **KEIN SPASS**.

FAULE LEGENDE

Früher brauchten Künstler **jahrelange** Ausbildung, um ihre Fähigkeiten in Malerei, Bildhauerei und anderen Künsten zur Vollendung zu bringen. Zu Zeiten Duchamps, im frühen 20. Jahrhundert, ging es bei vielen Künstlern lediglich um **Ideen** – technisches Können war weniger gefragt.

Duchamp gestattete, dass acht Versionen seines *Fahrrad-Rades* von Handwerkern in Italien hergestellt wurden – nach einem Foto des Originals.
Wow – er war sogar zu faul, selbst ein paar Räder auf Hockern anzubringen, trotzdem ist er noch immer eine Kunstlegende? Wirklich nicht schlecht.

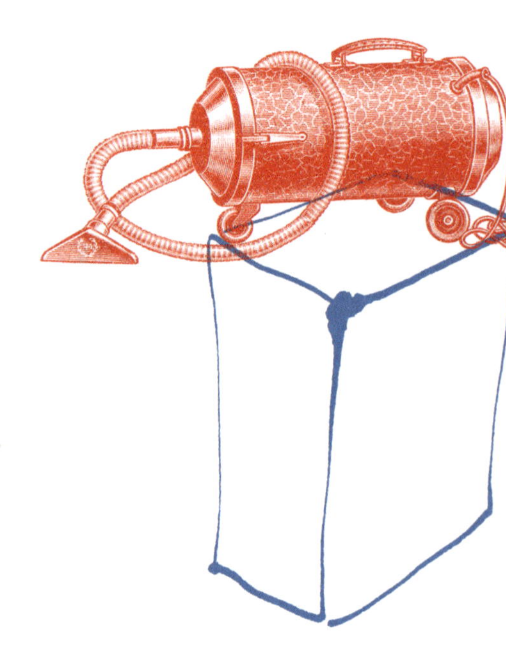

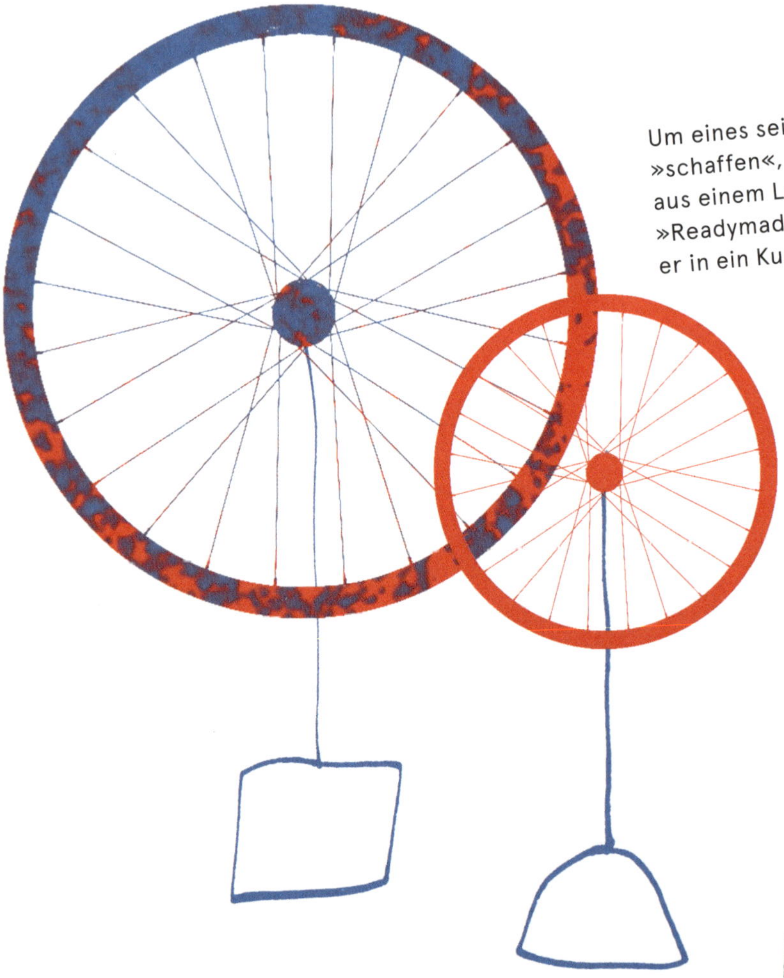

Um eines seiner berühmtesten Kunstwerke zu »schaffen«, kaufte Duchamp lediglich ein Urinal aus einem Laden und signierte es. Er nannte es ein »Readymade« – ein bereits vorhandenes Objekt, das er in ein Kunstwerk verwandelte.

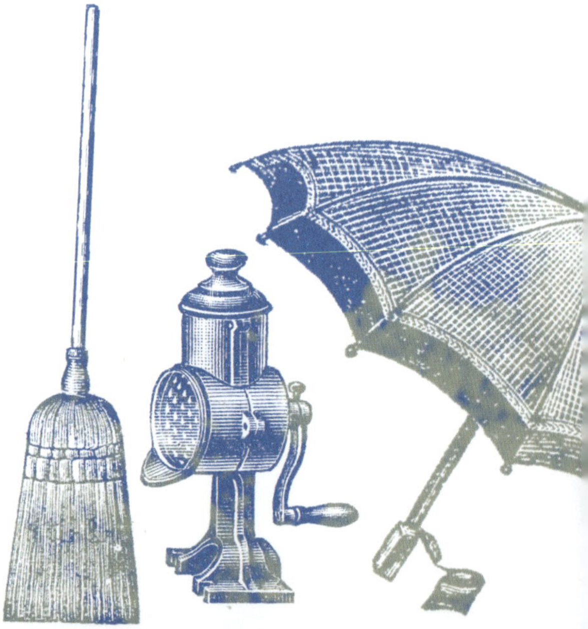

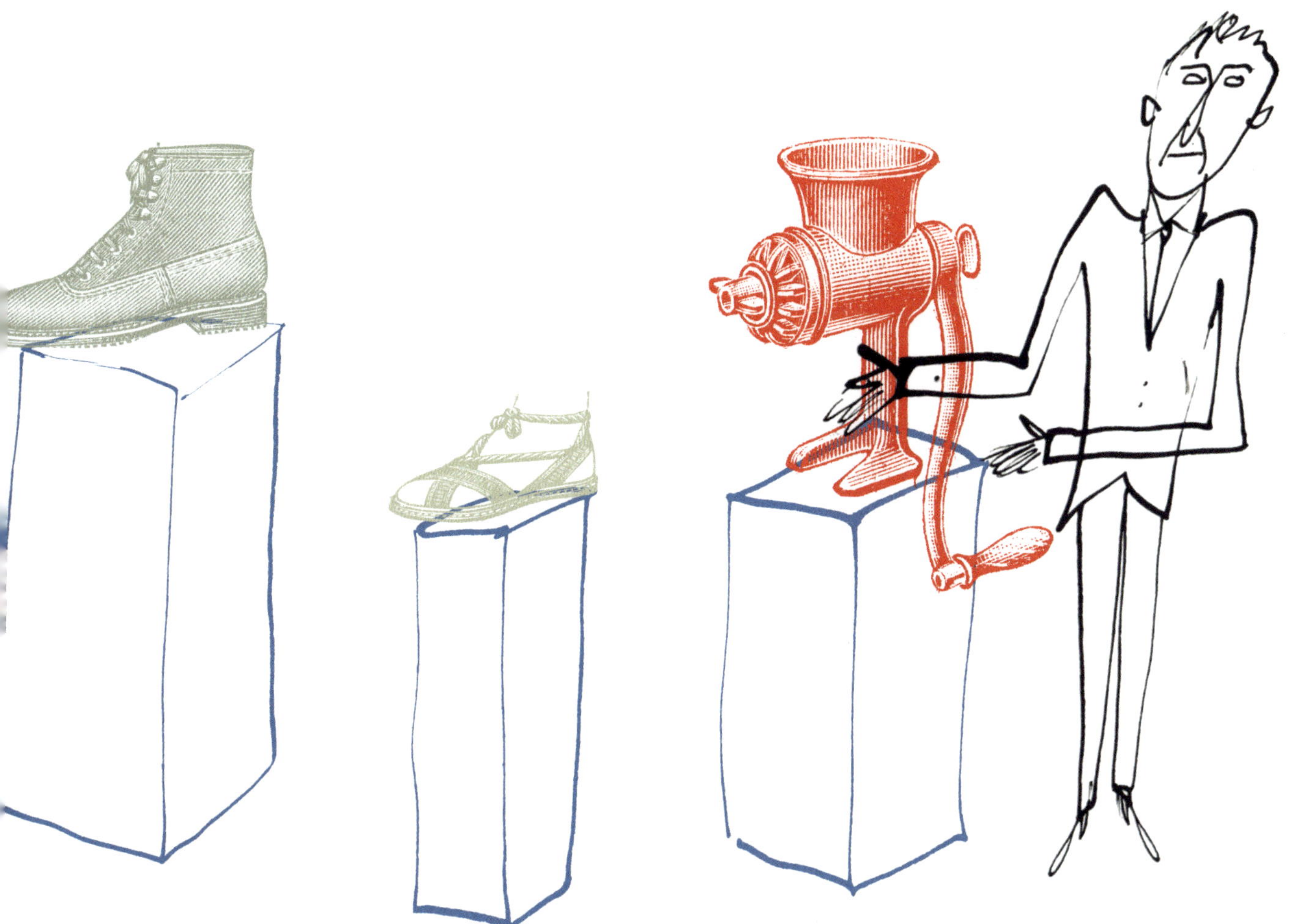

AUF REAKTION AUS

Erwachsene können sich ziemlich **zieren,** wenn es um Duchamps Werke geht: Sie starren sie eeeeewig an und beschreiben sie mit allen möglichen komplizierten Worten, sodass du glaubst, rein gar nichts mehr zu verstehen. Duchamp hätte sich vermutlich über so viel Ernsthaftigkeit **totgelacht**! Er wollte etwas **Lustiges** schaffen, mit einem **Augenzwinkern.** Es soll dich dazu bringen, innezuhalten und zu sagen: »Äh, was ...?!«

Andere Erwachsene **ärgern** sich immer noch sehr über Duchamps Werke, auch hundert Jahre später noch. Sie sind der Meinung, mit der Kunst sei es bergab gegangen, seitdem Künstler wie Duchamp begannen, mit dieser verrückten, hässlichen modernen Kunst **herumzumachen,** statt hübsche Gemälde zu produzieren.

Doch Duchamp hätte diese Reaktion gefallen. Er wollte nicht nur etwas Hübsches schaffen, bei dem die Leute sagen: »Oh, ja, das ist nett.« Er wollte die Leute **herausfordern**, sie zu neuem Denken und neuen Gefühlen bewegen. Ich glaube, er hätte einen Wutanfall einem zufriedenen, wissenden Lächeln vorgezogen.

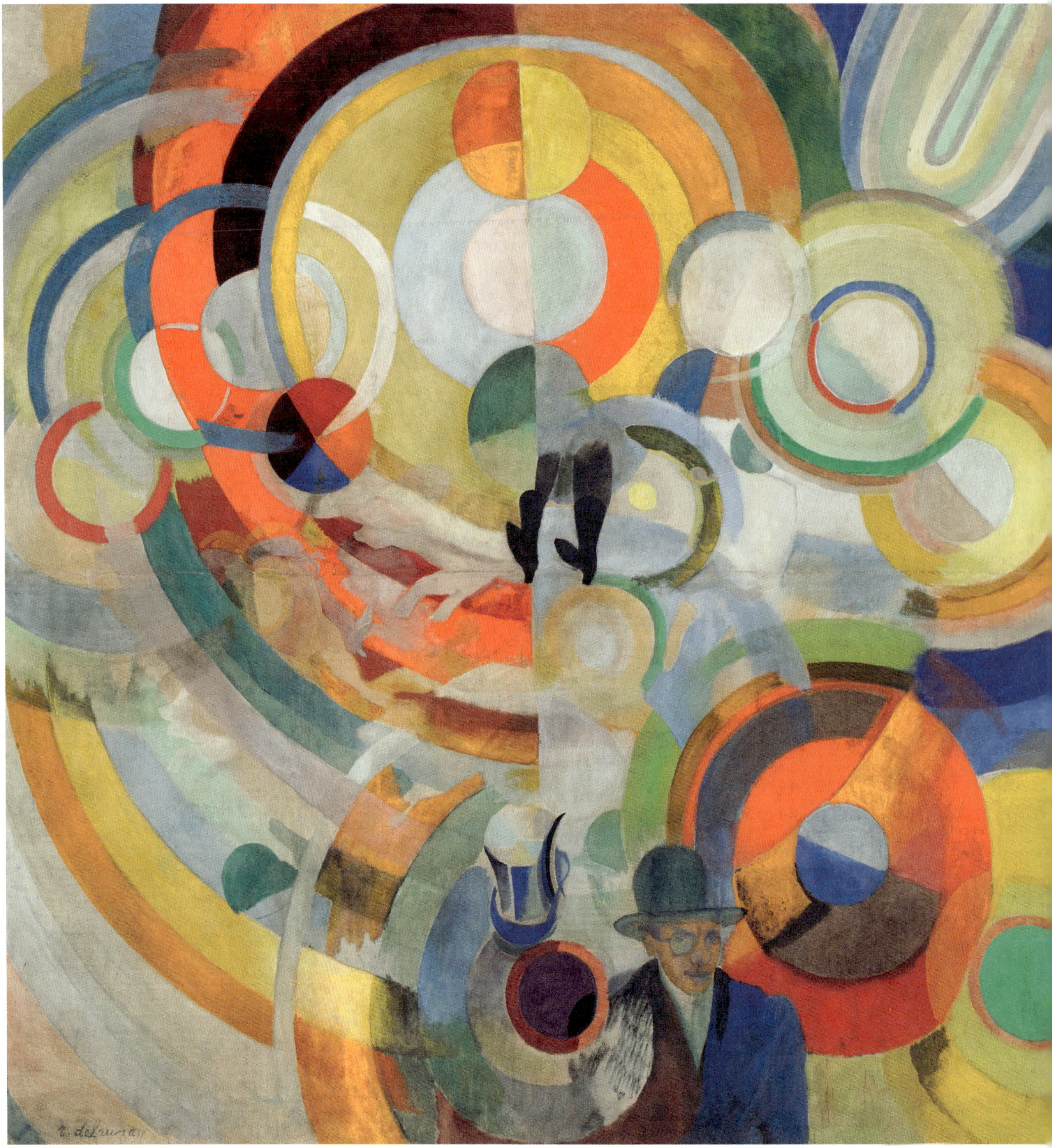

KARUSSELL DER SCHWEINE

1922 Ölfarbe auf Leinwand

ROBERT DELAUNAY

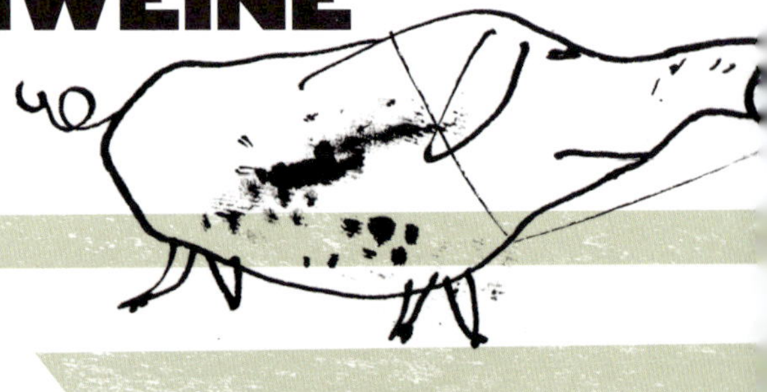

SCHWEINEWIRBEL

Ähem, geht es nur mir so oder sieht das eher nach einem Haufen **bunter Blasen** aus als nach etwas, das mit Schweinen zu tun hat?

Allerdings, wenn du jemanden auf einem Karussell beobachtest, **dreht** sich alles so **schnell** an dir vorbei, dass du Menschen und die Tiere, auf denen sie reiten, nur vorbeiflitzen siehst. Du siehst die Lichter und die Bewegung, hörst die Musik und fühlst dich irgendwann ganz **schwindelig** von alledem. Hm, Robert Delaunay, vielleicht weiß ich jetzt, was du gemeint hast.

Und kannst du die geisterhaften Schweine erkennen, die einander aus der Bildmitte jagen? Und was ist mit den **schwebenden**, schwarzen Stiefeln des etwas zu gut gekleideten Schweinereiters? Sieht aus, als wären sie in einem Karussell-Tornado gefangen. **RRRGHHH!**

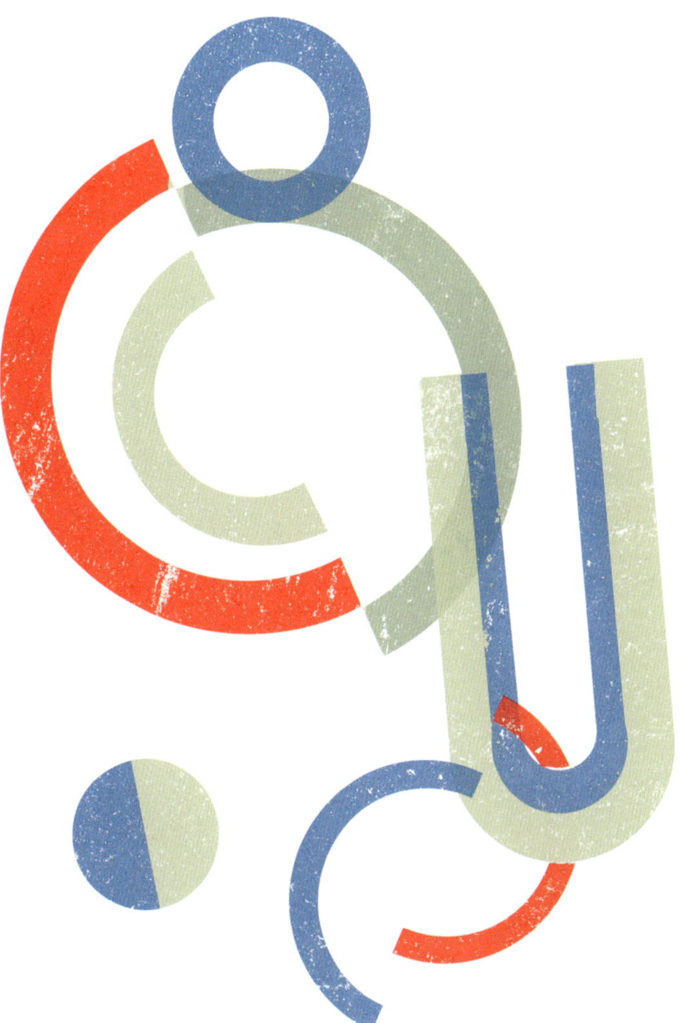

FARBEN ZÄHLEN

Erkennst du, dass Delaunay ein ziemlicher **Farb-**Bösewicht war? Versuch mal, die Farben in seiner verrückten **Patchwork-**Malerei zu zählen. Ich warte so lange ...

Fertig? Dann schau genauer hin. Jedes Farbfeld hat alle möglichen **Streifen und Flecken**, hellere und dunklere Kleckse. Hast du Lust, auch jede einzelne Schattierung zu zählen? Nein, ich auch nicht. Nichts gegen Delaunay, aber ich habe echt Besseres zu tun.

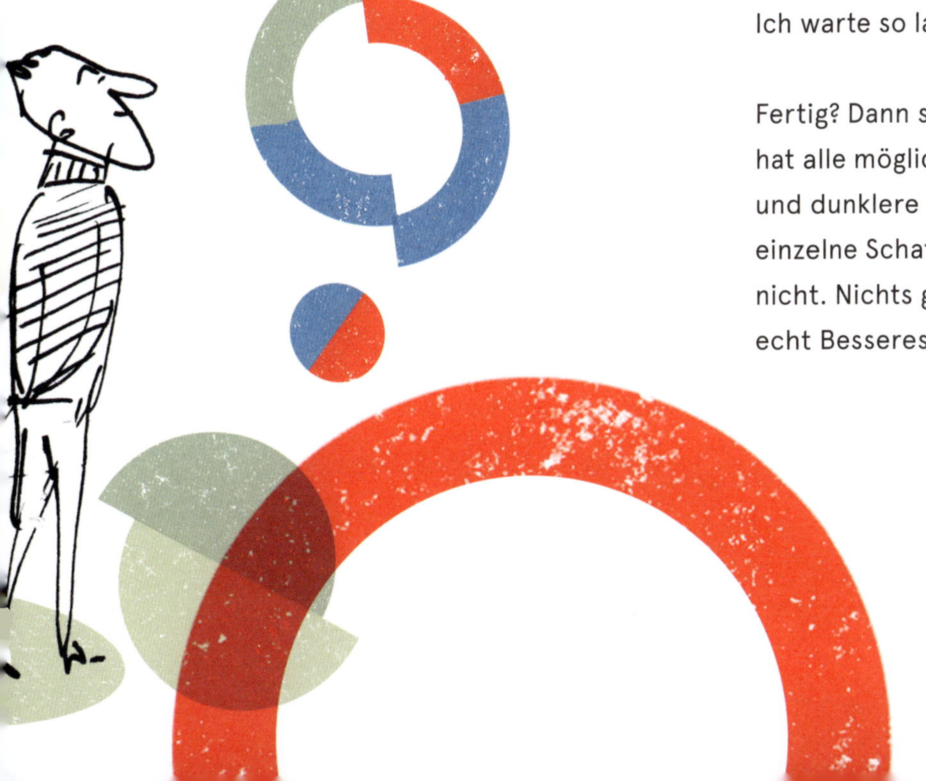

DER MANN MIT DEM HUT

Oh, wer ist dieser **mysteriöse** Mann unten im Bild? Ein Spion? Nein, so cool ist er leider nicht – das ist doch ein Künstler, er heißt Tristan Tzara. Wie Delaunay war Tzara Mitglied der Dada-Bewegung, einer Künstlergruppierung, die alten Vorstellungen von **Regeln** und **Logik** den Rücken kehrte.

Tzara scheint von dem **wirbelnden** Wunderland um ihn herum völlig unbeeindruckt. Vielleicht, weil er Dadaist ist, deswegen war er wohl froh darüber, in dieses moderne bunte **Chaos** eingesaugt zu werden. Oder er hat die Augen fest auf den riesigen Teddybären beim Ringewerfen gerichtet ...

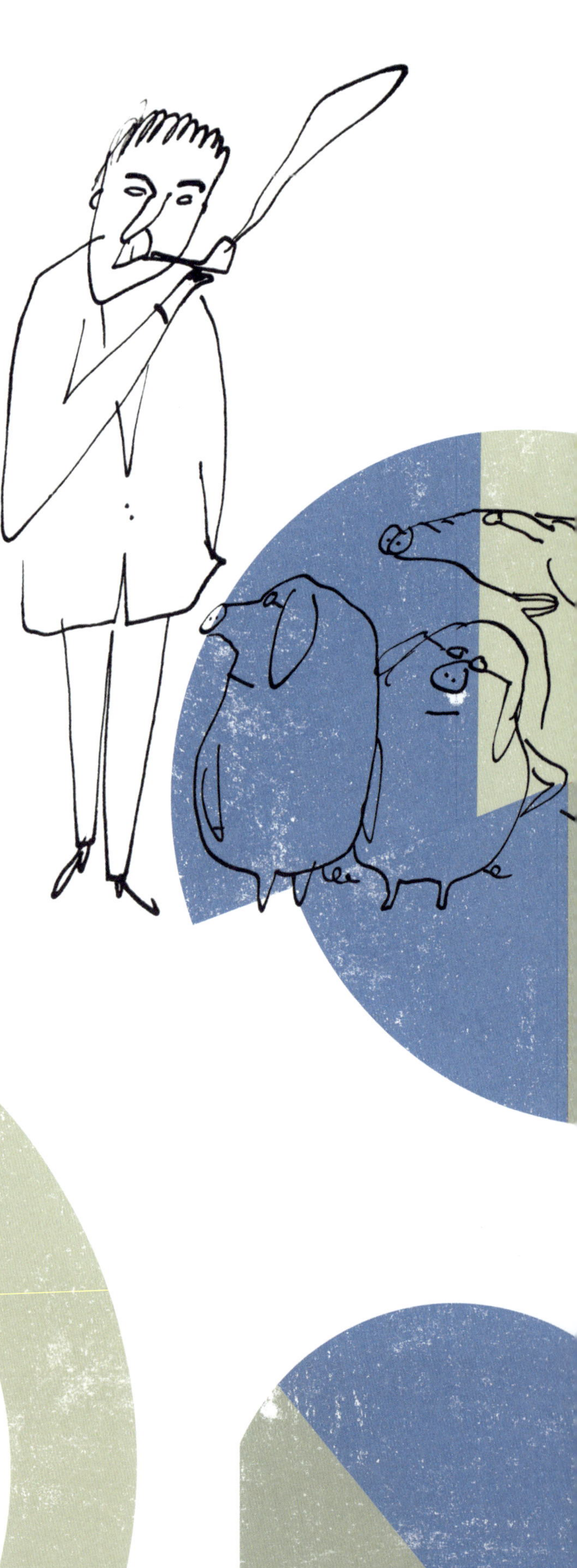

Delaunay malte vor dieser noch zwei andere Szenen eines Schweinekarussells, er stellte sie sogar aus, zerstörte sie dann aber. Ob die Drei seine Glückszahl ist?

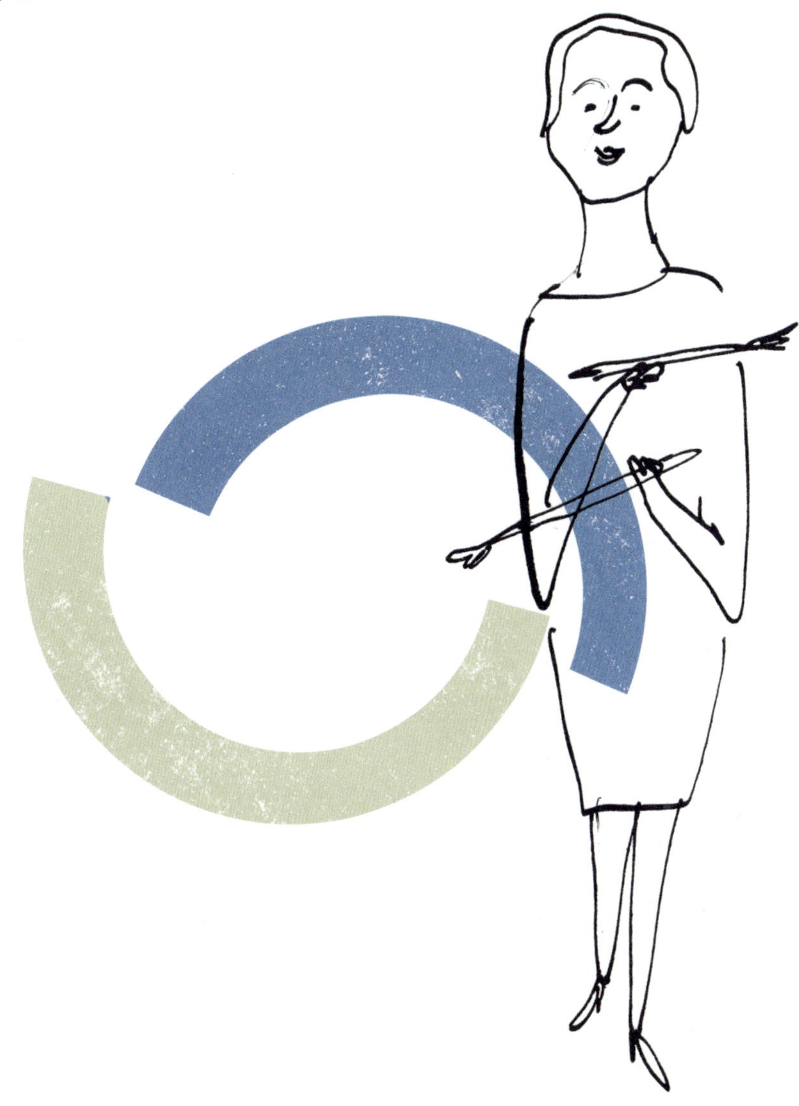

SONIA UND DER SIMULTANISMUS

Sonia Delaunay, Robert Delaunays Gattin, war ebenfalls eine große Künstlerin. Auweia, magst du denken, zwei große **Egos** in einem Haus? Aber sie waren offenbar so lieb zueinander, dass es mir schon fast zu viel wird. Robert **respektierte** Sonia und ihre Kunst zu einer Zeit, als die meisten Männer ihre Frauen einfach schrecklich behandelten. Nachdem Robert 1941 starb, sorgte Sonia viele Jahre lang dafür, dass seine Kunst nicht in Vergessenheit geriet.

Die Delaunays arbeiteten gemeinsam an einer neuen Kunstbewegung namens **Simultanismus**, in der es darum ging, dass Farben je nach ihrer Nachbarfarbe unterschiedlich aussehen. Beide versuchten, die Farben in ihren Werken möglichst »knallig« aussehen zu lassen, so intensiv, als schienen sie vor Energie zu **vibrieren.** Erkennst du das in Roberts Werk? Suche dir auch einmal Sonias Gemälde heraus – manche glauben, sie hätte diesen Effekt noch besser umgesetzt als Robert.

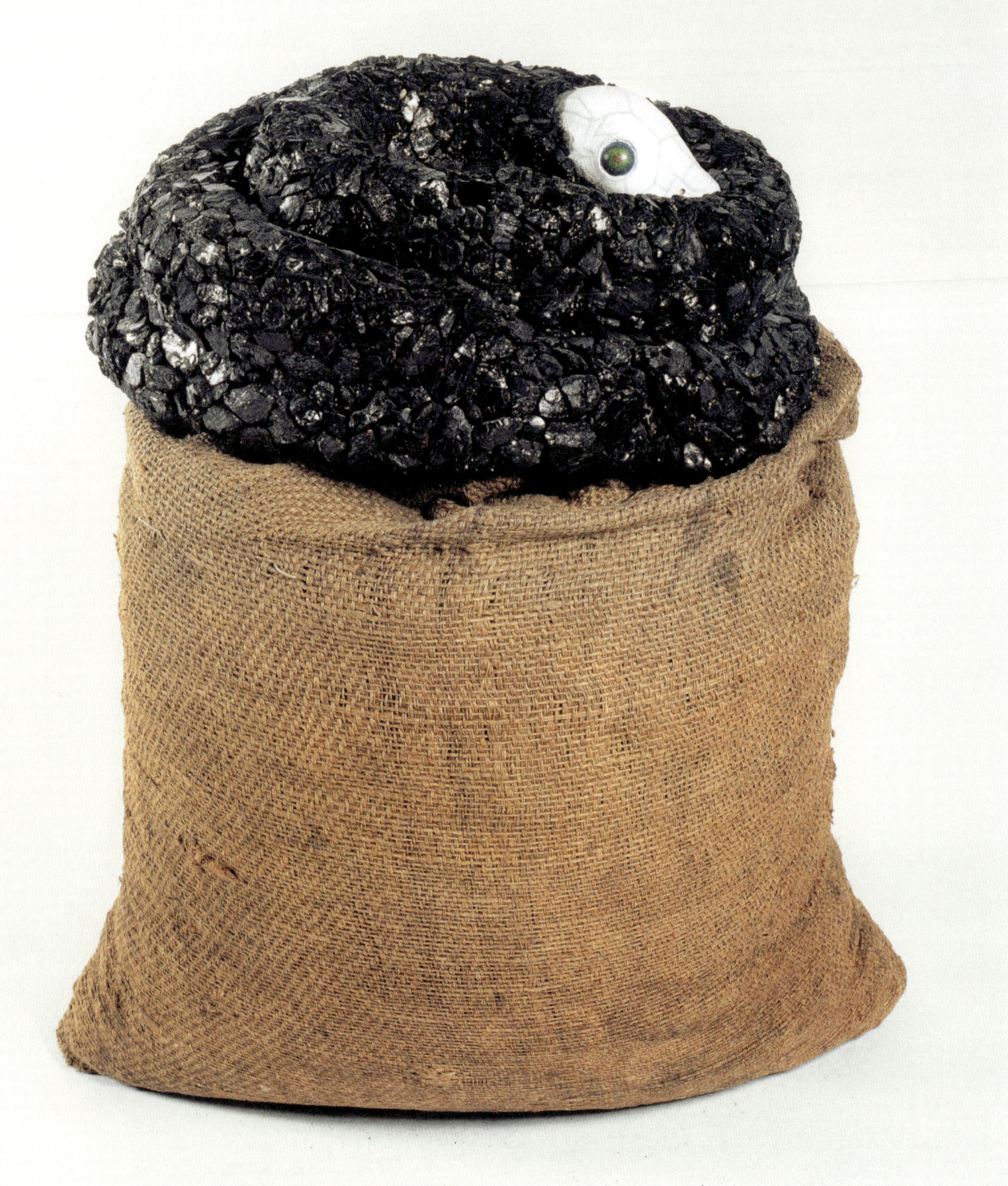

DIE ALTE SCHLANGE NATUR

1970 Sackleinen, Holzkohle, Anthrazit und bemaltes Holz

MERET OPPENHEIM

SCHLANGENZEUG

Oje, du alte Schlange, du brauchst wohl dringend etwas Hautcreme ... Wäre da nicht der glänzende, glatte Kopf, ich würde dich fast für einen Sack **Kohle** halten.

»Stop, nicht ssso schnell, sssiehst du nicht, dasss ich Kunssst bin? Ich bin eine Schlange, die sssich häutet, doch ich bin von schwarzer, schwerer Kohle bedeckt, dessswegen ist dasss **ssso schwer**. Meine Chefin, Misss Oppenheim, will, dasss ich den Menschen zeige, dasss ein neuer Start immer möglich issst ...«

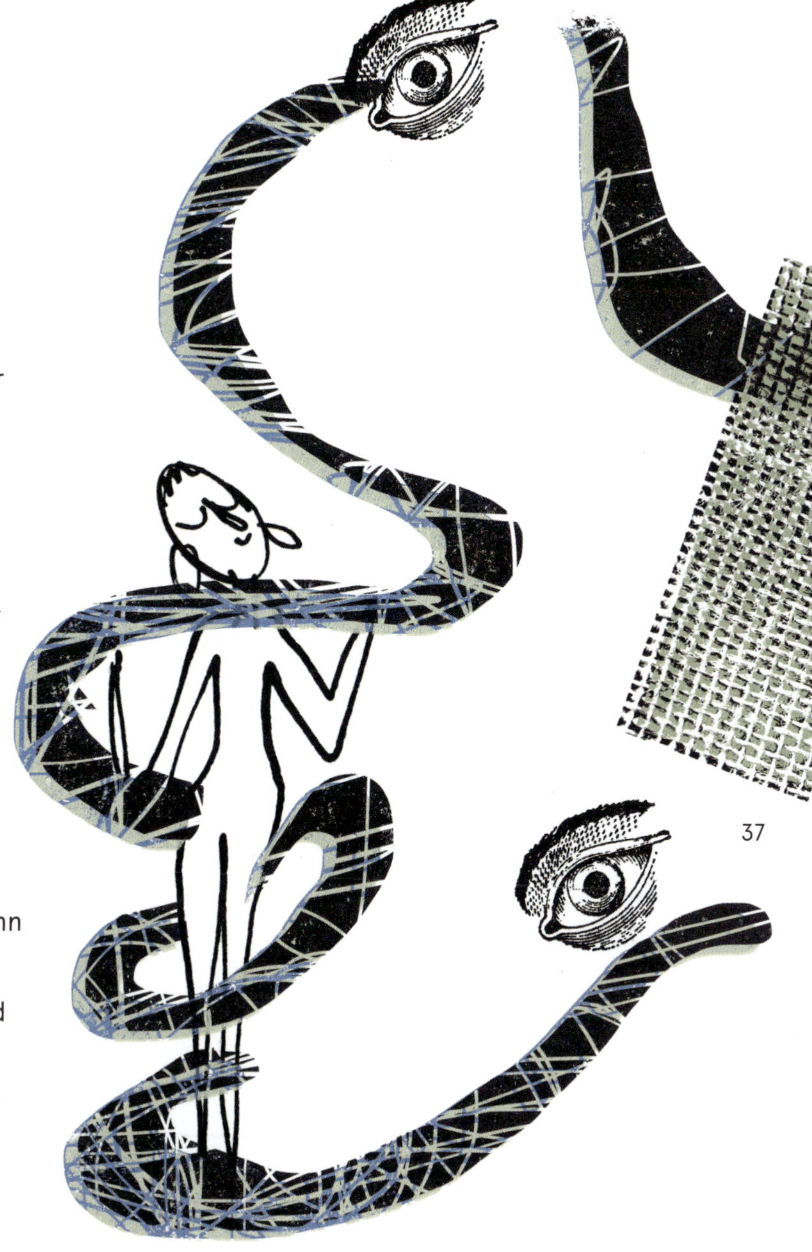

»Weißt du, sssie konnte esss nicht leiden, wenn Menschen (vor allem Frauen) und der Natur wehgetan wird – indem man Kohle abbaut und verbrennt und damit den Planeten zerstört – und nur, weil früher mal jemand beschlosssen hat, dasss **Geld**, **Macht** und Wisssenschaft dasss Wichtigsssste im Leben sssind. Ich stehe für ein neuesss, ausssgewogenesss Leben. Verstanden?«

Du magst eine alte Schlange sein, aber du bist ziemlich auf der Höhe der Zeit! Du solltest mal zu einer **Klimademo** kommen. Den Rest bringt dir schon die Jugend bei.

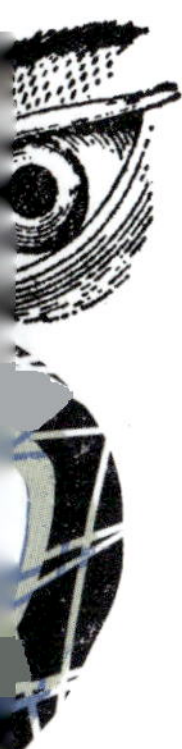

SIE LEBT!

Diese Schlange sollte froh sein, überhaupt noch zu leben. Oppenheim schuf viele Kunstwerke, war ihnen gegenüber **sehr kritisch**. »Entweder lebt sie oder nicht«, sagte sie und meinte, entweder funktioniert etwas, dann ist es **gute Kunst**. Wenn nicht, dann ist es **schlechte Kunst**.

Wenn sie etwas als schlecht erachtete, machte sie nicht viel Aufhebens. Vermutlich rief sie: »Du bist für mich gestorben! Ab in den Müll!« Und sie **zerstörte** oder verwarf das Werk für immer.

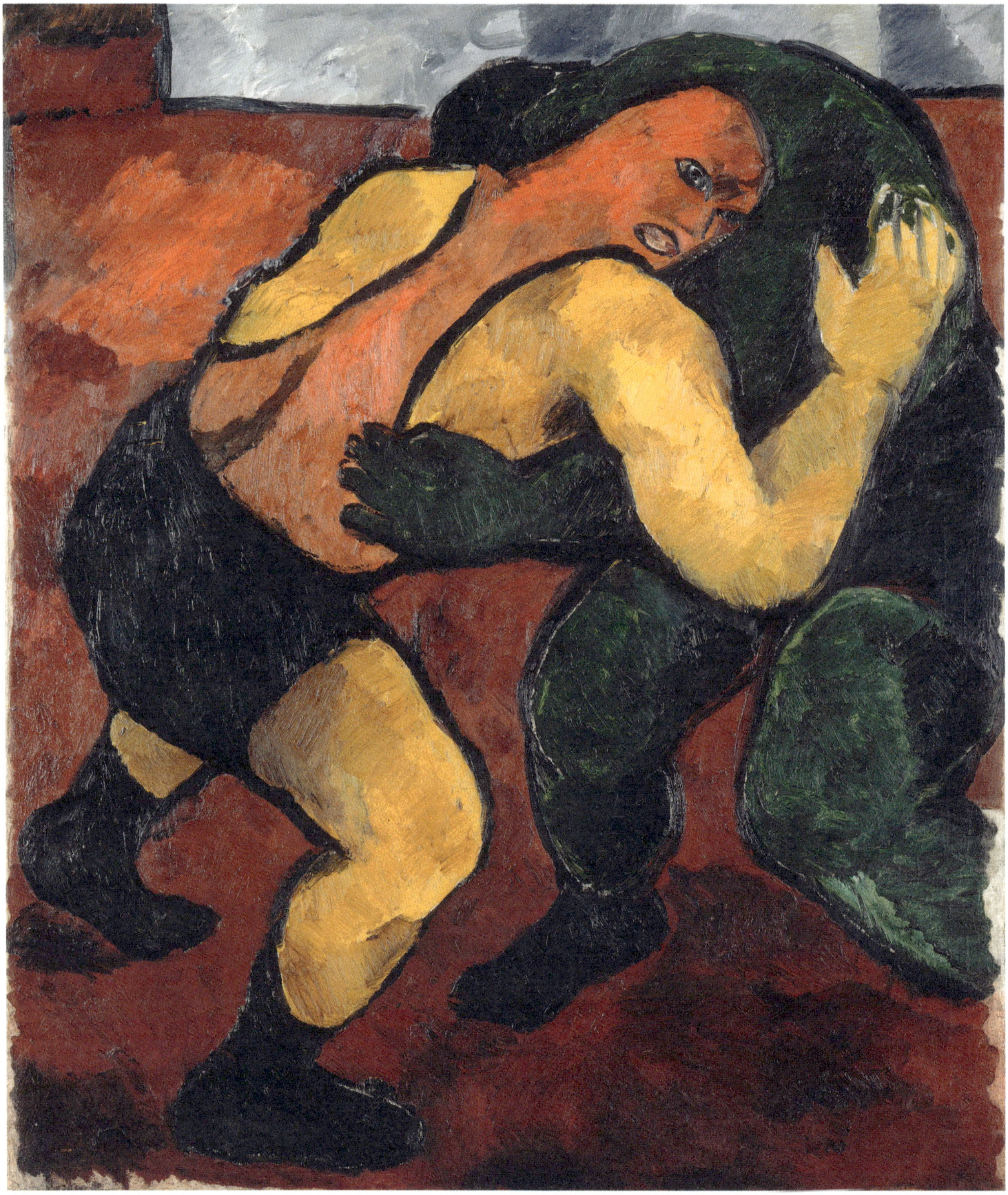

RINGER

1909–1910 Ölfarbe auf Leinwand

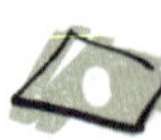

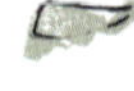

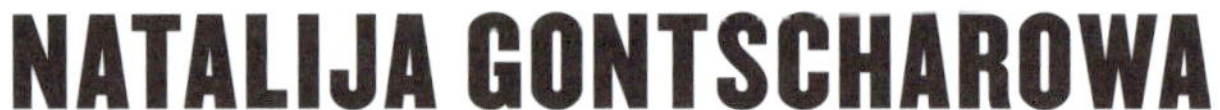

NATALIJA GONTSCHAROWA

RINGEN MIT DER KUNST

Ärmel hochkrempeln für den größten **Kampf** aller Zeiten! In der einen Ecke der etwas schäbige Incredible Hulk™... in der anderen Ecke der Mann mit dem Daumenkopf!

Okay, sie sollen keine Superhelden sein – aber wirklich menschlich sehen sie auch nicht aus. Und doch ist etwas an ihnen sehr realistisch, oder? Ich meine, wenn man mal die **grüne Haut** ignoriert, die ... oje ... die sich an den Fingern des Daumenkopfmanns abzulösen scheint!?

Schau mal, wie Gontscharowa ihre sich drehenden Knie, die gerundeten Rücken und die angespannten Muskeln gemalt hat. Du kannst ihre **Kraft** förmlich spüren, wenn sie gegeneinander kämpfen. Einer hat sogar einen Schweißfleck auf dem Rücken. Nun, auf das eine oder andere Detail hätte ich gut und gerne verzichten können, um ehrlich zu sein ...

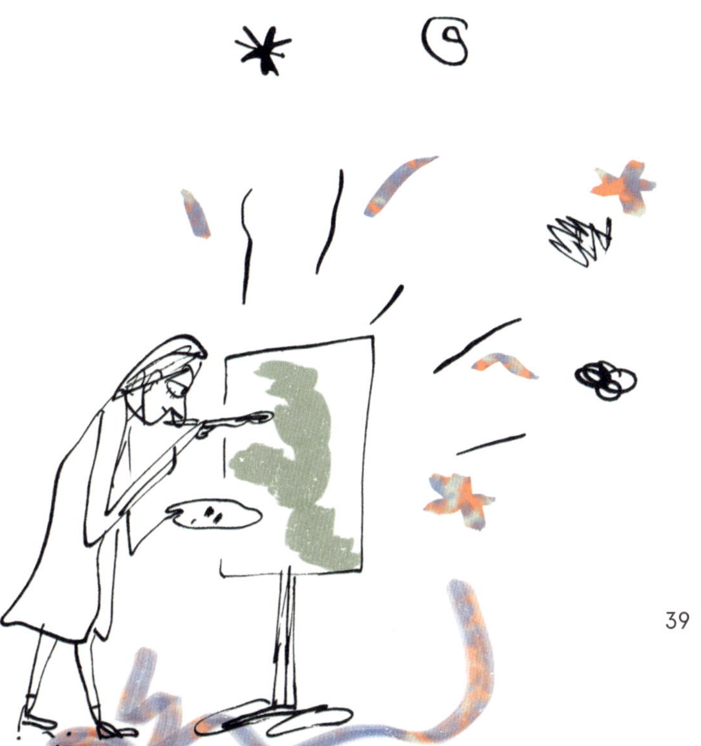

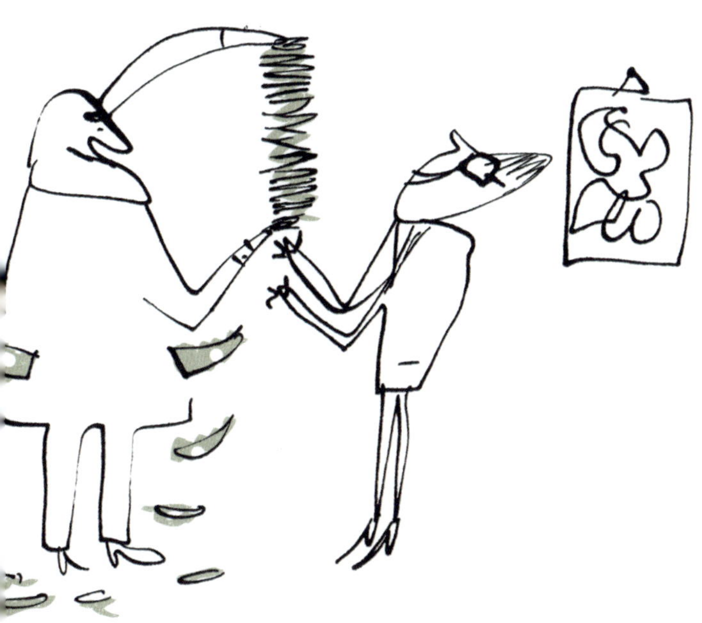

GEFÄLSCHTE BERÜHMTHEIT

Gontscharowa war zu ihrer Zeit sehr berühmt, auch wenn sich viele Menschen von ihrer Kunst angegriffen fühlten. Ihre äußersten kriminellen Vergehen bestanden darin, dass sie es **wagte,** arme Menschen zu malen – wie Bauern oder Ringer – und dazu einen einfachen, **flachen Stil** benutzte, um religiöse Objekte und nackte Menschen darzustellen.

Irgendwann beruhigte sich die Welt und begann zu verstehen, doch Gontscharowa starb 1962 mit wenig Geld und Anerkennung. Seitdem wurden ihre Werke immens teuer – heute zählen sie zu den **teuersten Kunstwerken** einer Frau. Sie sind so teuer, dass begabte Kriminelle einige ihrer Gemälde **fälschten** und für Millionen als »unentdeckte Werke« verkauften. Dieses ist jedoch echt, ich verspreche es dir!

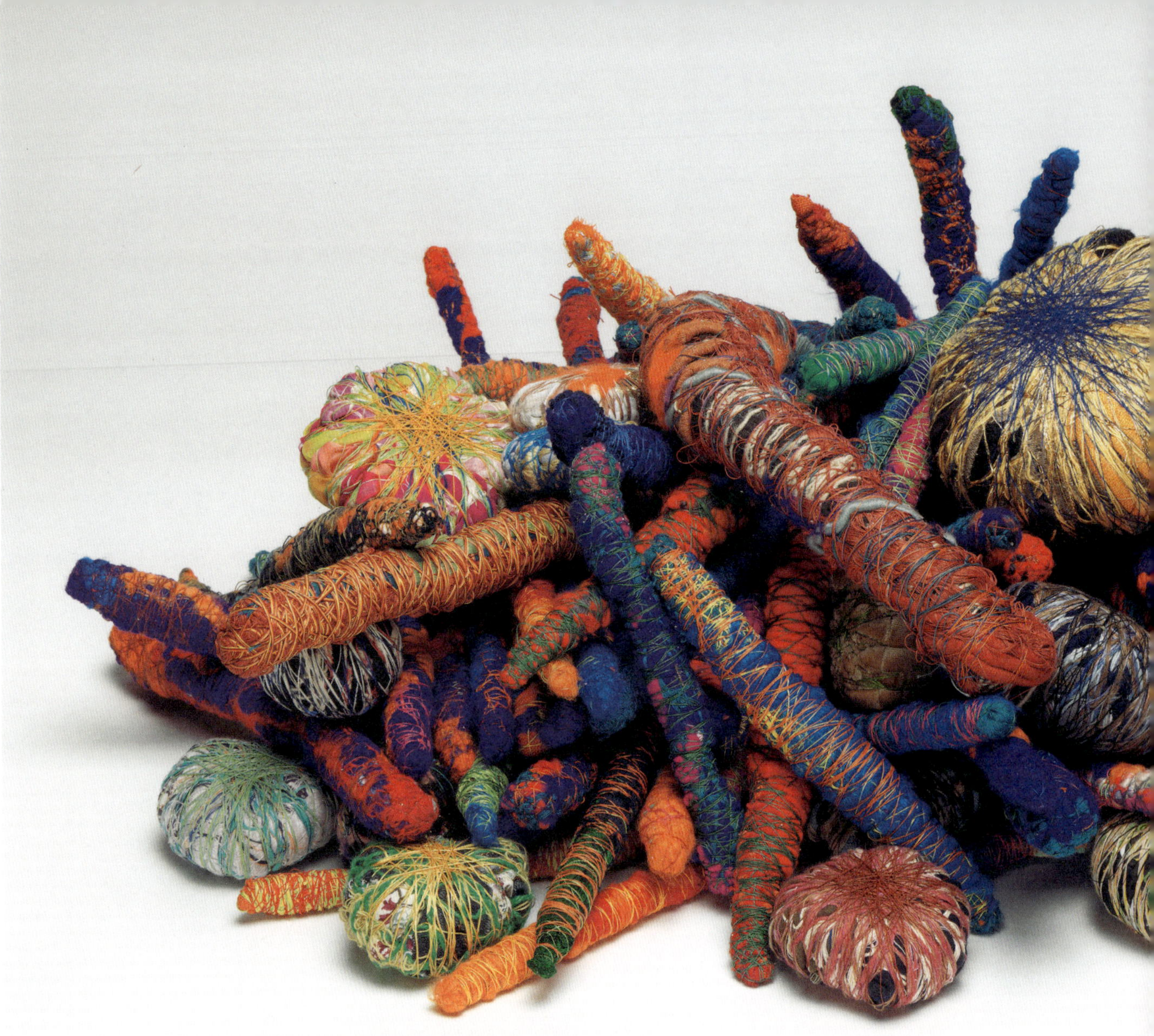

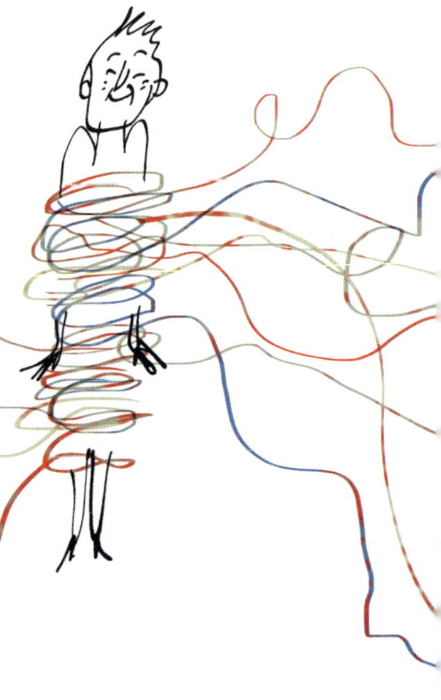

PALITOS CON BOLAS

2011 Installation aus Leinen, Baumwolle, Seide, Nylon und Bambusstäbchen

SHEILA HICKS

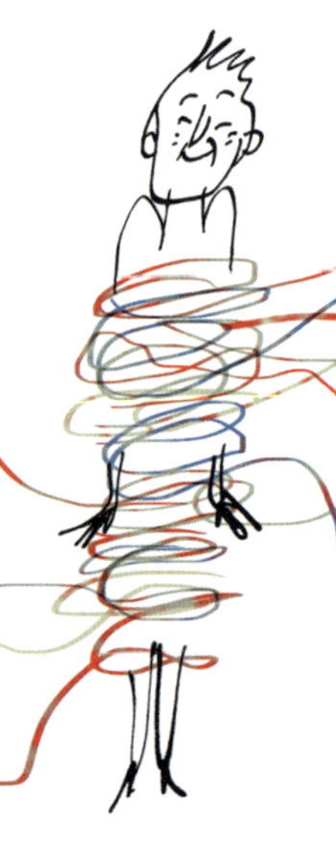

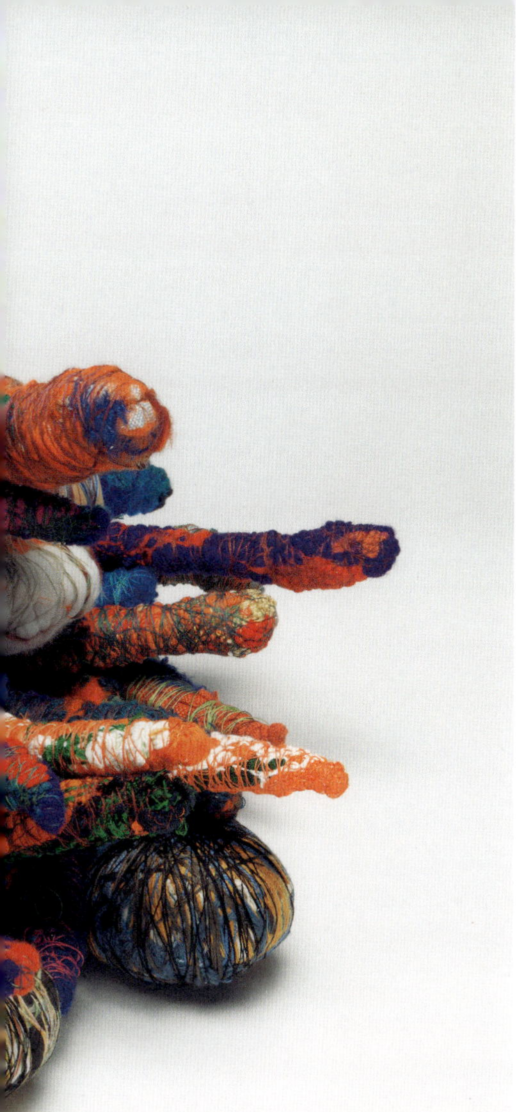

MITEINANDER VERBUNDEN

Okaaaay, ich will ja nichts sagen, aber wer außer mir ist noch der Meinung, dass das hier aussieht wie ein Haufen **Stöckchen und Steine,** eingewickelt in **bunte Fäden?** Zufällig ist es genau das. Äh … warum?

Sheila Hicks hält als Künstlerin alle **Fäden in der Hand** – Wolle, Seide, Baumwolle, was auch immer. Daraus stellt sie seit über 50 Jahren Textilkunst her. Mithilfe der Fäden spielt sie mit **Farben, Formen und Geweben**, wie andere Künstler es mit Farbe oder Leinwand tun. Mit den Stöckchen und Steinchen hat sie sogar winzige Geschosse, um Menschen abzuwehren, die sich über ihre Kunst lustig machen. Clever!

Die ersten Menschen auf ihrer »Abschussliste« könnten die Snobs sein, die sich beschweren, »das sei **Handwerk**, keine Kunst – sie mache einfach **Handarbeiten**«. Hicks liebt Handwerk und Kunst und glaubt, beide sind gleich toll.

Eine solche Arbeit heißt in der Sprache der Kunst auch INSTALLATION – ein Kunststück in 3D, meist bestehend aus verschiedenen Teilen, die mit dem Raum um sie herum in Beziehung treten. Diese Installation hier wird jedes Mal, wenn sie ausgestellt wird, anders angeordnet.

DANKE AN ALLE!

Hicks stammt nicht aus einem Land, in dem Spanisch gesprochen wird. Warum gab sie ihrem Werk dann einen **spanischen Namen?** (Auf Deutsch heißt das **Stäbchen mit Kugeln.**) Sehr wahrscheinlich hat das einfach mit **Respekt** zu tun. Hicks lernte jahrzehntelang **traditionelle Handarbeitstechniken** in Lateinamerika, und dort spricht man vorwiegend Spanisch. Ein netter Gruß also an die **Kulturen** und Handwerker, von denen Hicks so viel gelernt hat.

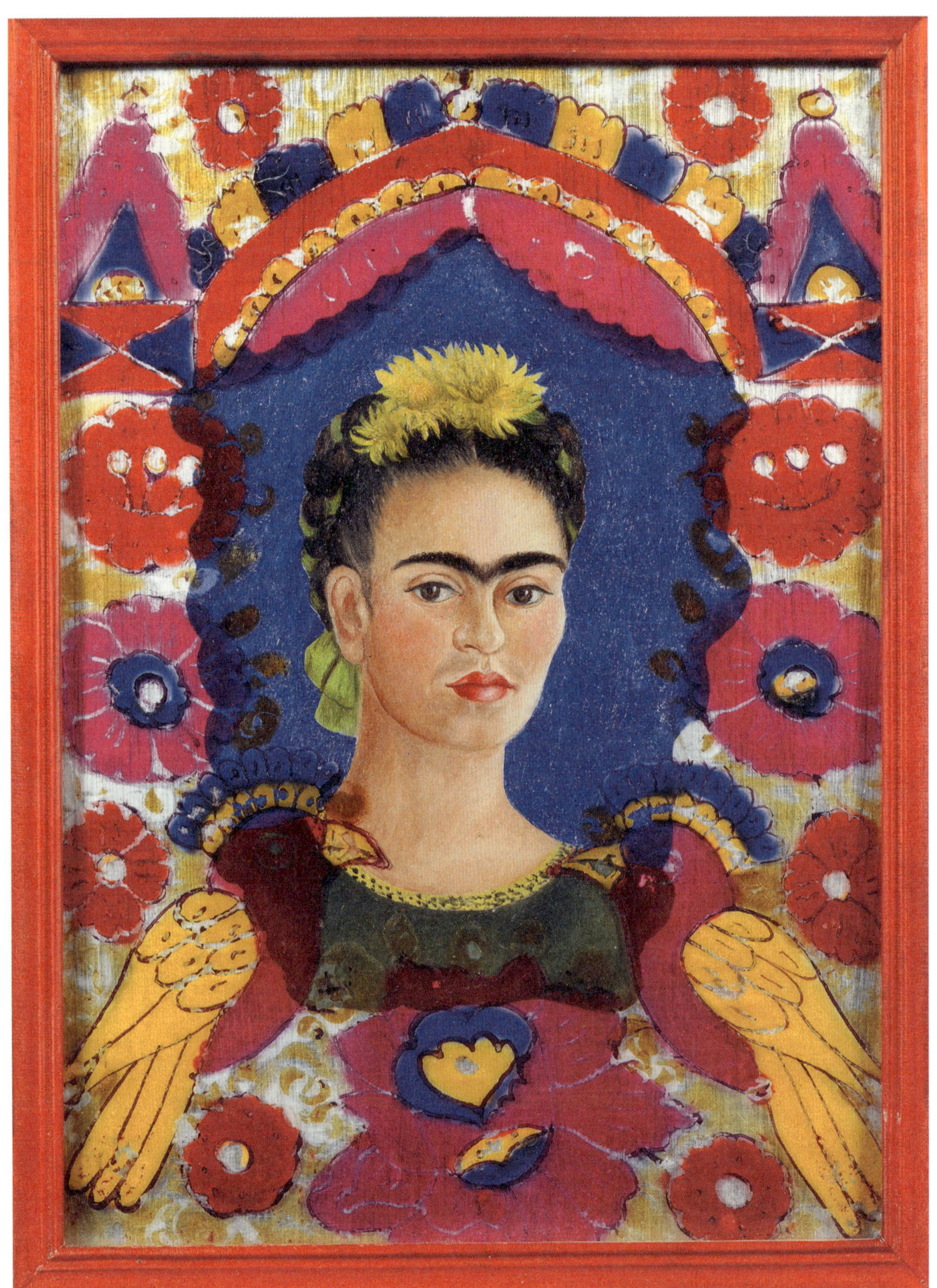

DER RAHMEN

1938 Ölfarbe auf Aluminium, eingerahmt von bemaltem Holz und handbemaltem Glas

FRIDA KAHLO

ICH, ICH, ICH

Frida Kahlo war die erste **Selfie-Queen**. Sie hatte einen starken Look, wusste, wie es geht, und **schau dir** diesen Filter an. Blumen, Vögel, grelle Farben ... Findest du es nicht toll?

Aber Kahlo war keine Influencerin der alten Zeit, die ihre gemalten Selfies einsetzte, um überteuerte Blumenkrönchen unter die Leute zu bringen (obwohl sie hier ein sehr schönes trägt). Sie nutzte ihre Porträts einfach so – um ihre Ideen zu verbreiten, ihre mexikanische Kultur und die **großen Freuden und Leiden** ihres Lebens.

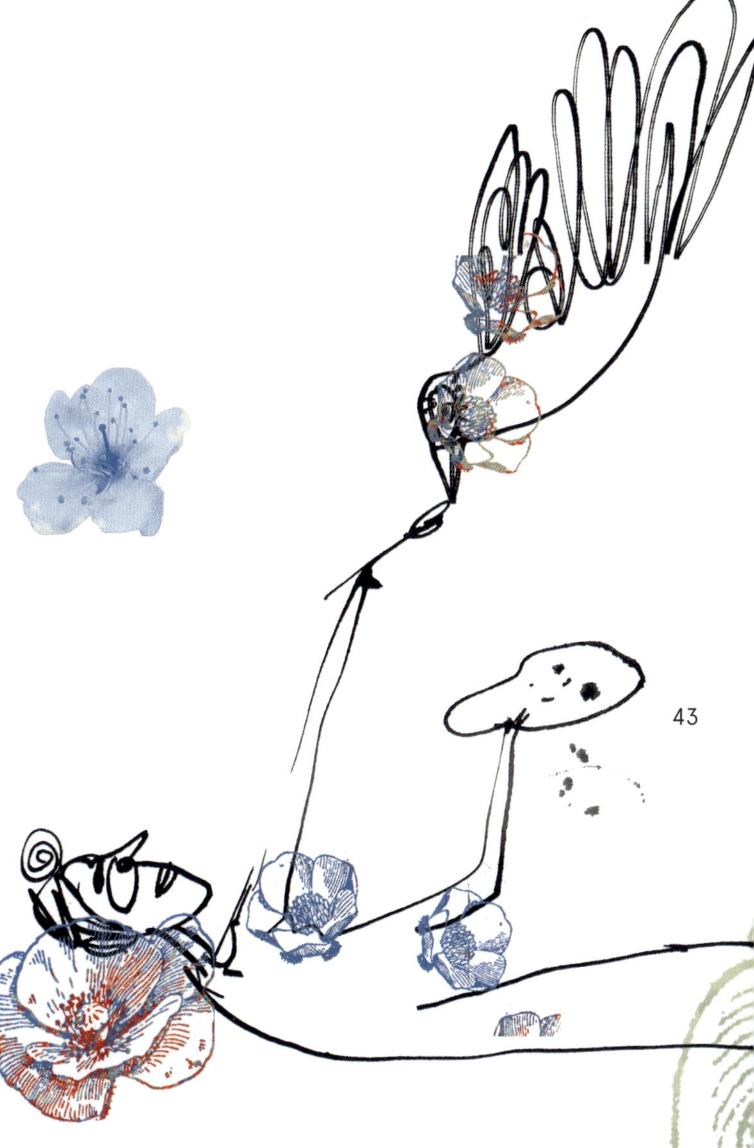

Zum Beispiel sehen wir nicht nur zufällige Farben und Muster. Das ist **mexikanische Folklore** – bei der die Kunstidioten im Europa jener Zeit die Nase rümpften. Kahlo rahmte ihr Selbstporträt mit **traditionellem**, handbemaltem Glas ein, um zu zeigen, dass man die mexikanische Kultur, die ein wichtiger Teil von ihr war, verstehen muss, um ihre Bilder zu verstehen.

Kahlo LIEBTE ihre zusammengewachsenen Augenbrauen und ihren leichten Flaum auf der Oberlippe, beides färbte sie mit Buntstift nach, um sie stärker hervorzuheben.

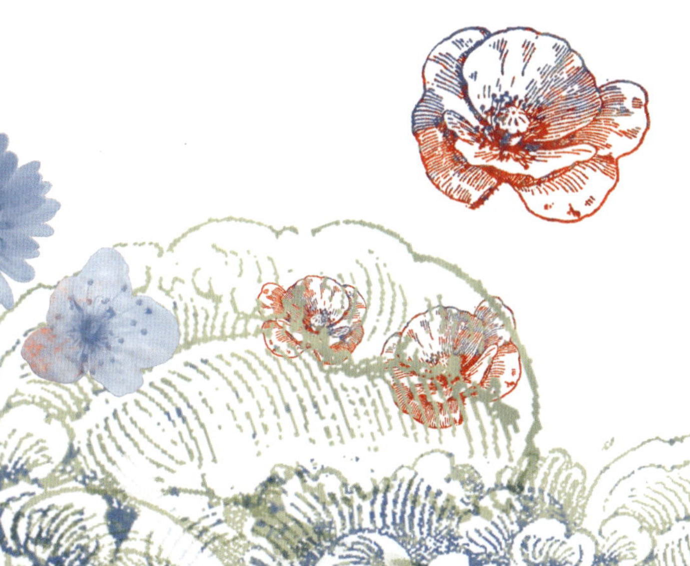

LASST MICH MICH SEIN

Kahlo nutzte in ihren Gemälden häufig unrealistisch grelle Farben und malte traumähnliche Bilder. »Oh«, dachten sich die **Surrealisten**, die verrückte Träume liebten. »Sie ist eine von uns.« Doch Kahlo wollte sich nicht einordnen lassen, sie bestand darauf, weiter ihr Leben und ihre Gefühle zu malen. André Breton, führender Surrealist, versuchte trotzdem unbeirrt weiter, ihre Kunst als »selbst erlernten Surrealismus« zu erklären. Lasst uns alle in Solidarität mit Kahlo die **Augen rollen.**

MICH SELBST KENNENLERNEN

Warum war Frida Kahlo so von sich **besessen,** dass sie mehr als 50 Selbstporträts malte? Nun, aus gutem – und ziemlich traurigem – Grund.

Kahlo erlebte mit 18 einen furchtbaren **Busunfall** und wurde so schwer verletzt, dass sie mehr als 30 Operationen über sich ergehen lassen musste. Sie hatte fortan fast dauerhaft unter starken Schmerzen zu leiden – das ist nicht lustig.

Anfangs brachte sie sich selbst das Malen bei, um etwas zu tun zu haben, wenn sie nach dem Unfall monatelang **das Bett hüten** musste – doch sie lag flach auf dem Rücken, darum war die Sicht nicht besonders inspirierend. Also brachte ihre Familie einen Spiegel über dem Bett an, damit sie wenigstens ihr eigenes Gesicht malen konnte.

In ihrem ganzen Leben musste Kahlo oft zu Hause bleiben, ausruhen und sich erholen. **Lang-wei-lig**. Sie sagte: »Ich male mich selbst, weil ich so oft allein bin, ich bin das Motiv, das ich am besten kenne.« Ziemlich **positive** Einstellung, oder? Ich hätte meinen eigenen Anblick schnell satt.

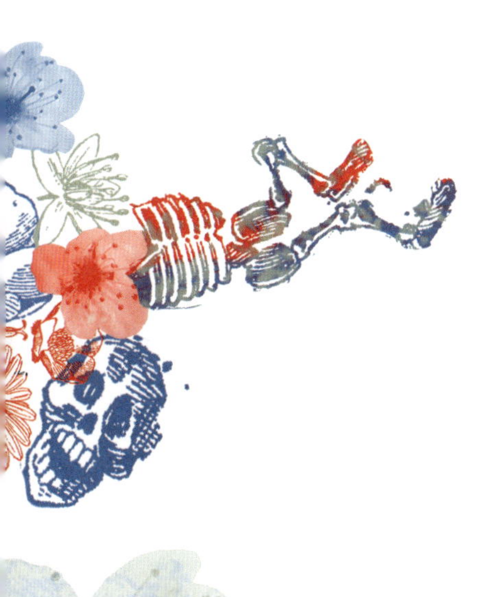

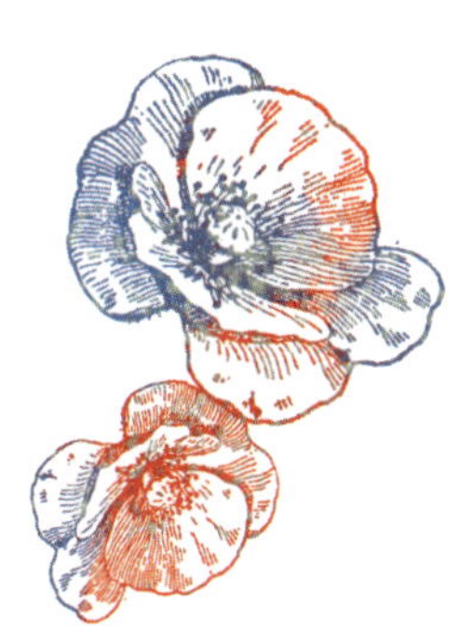

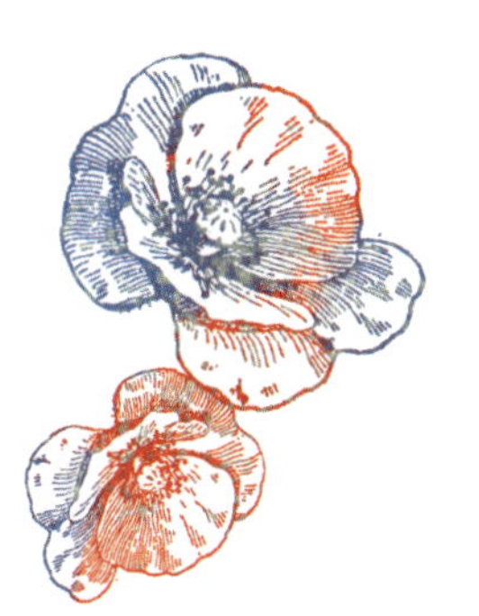

Wenn du online nach anderen Selbstporträts von Frida Kahlo Ausschau hältst, dann sei gewarnt: *Der Rahmen* sieht fröhlich aus, aber ihre anderen Gemälde sind häufig düster, merkwürdig und traurig. Sei also auf ein paar Emo-Momente gefasst …

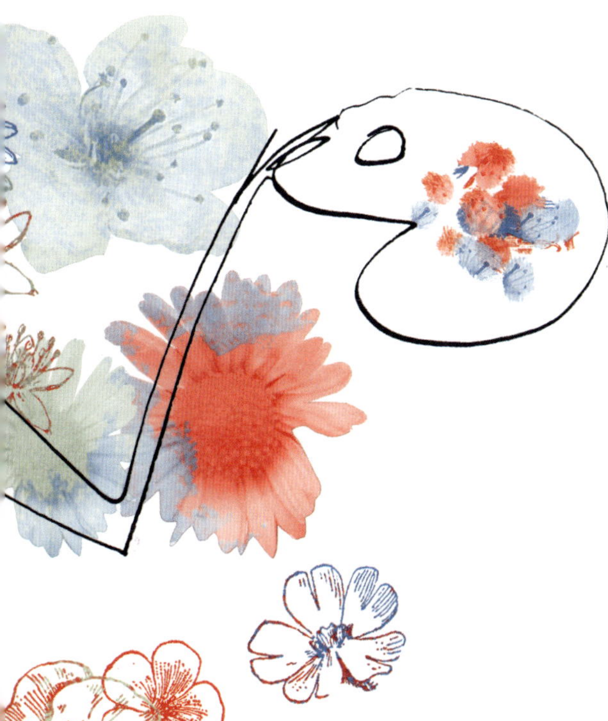

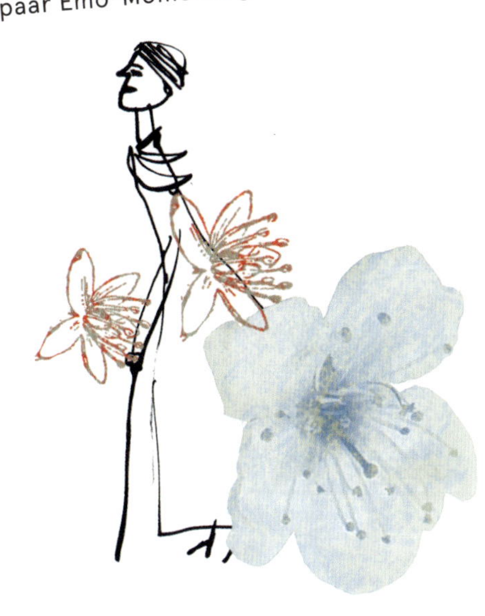

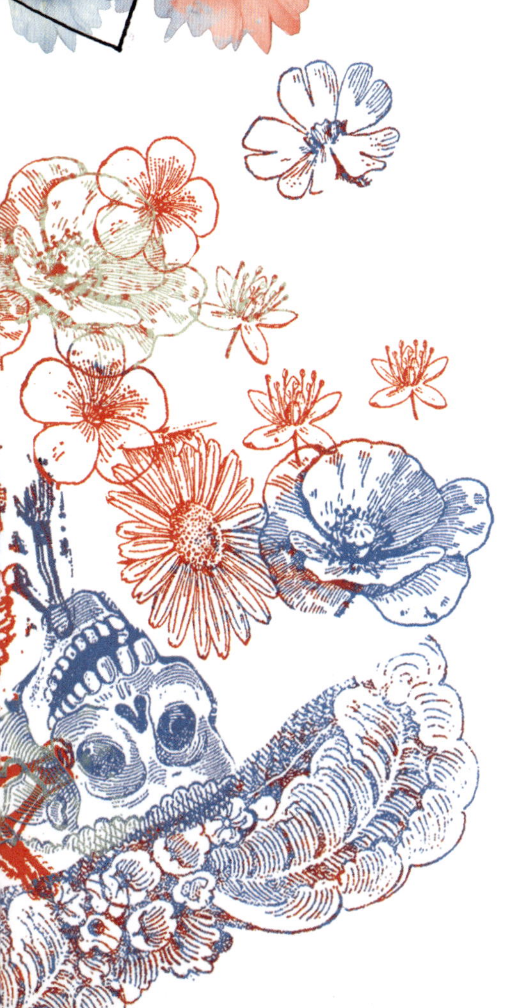

FRIDA-MANIA!

Kahlo sah **legendär** aus und ihre Geschichte liest sich wie eine **Seifenoper** – der tragische Unfall, ihr berühmter und glamouröser Freundeskreis, die dramatische Ehe (ihr Mann hatte eine Affäre mit ihrer Schwester …). Die Menschen heute lieben Frida **abgöttisch**.

Es gibt Hollywood-Filme über sie und T-Shirts und Schuhe mit ihrem Gesicht – sie hat sogar eine eigene Barbie™! »**Frida-Mania**« heißt nichts anderes, als dass Frida Kahlo heute eine der berühmtesten Malerinnen aller Zeiten ist.

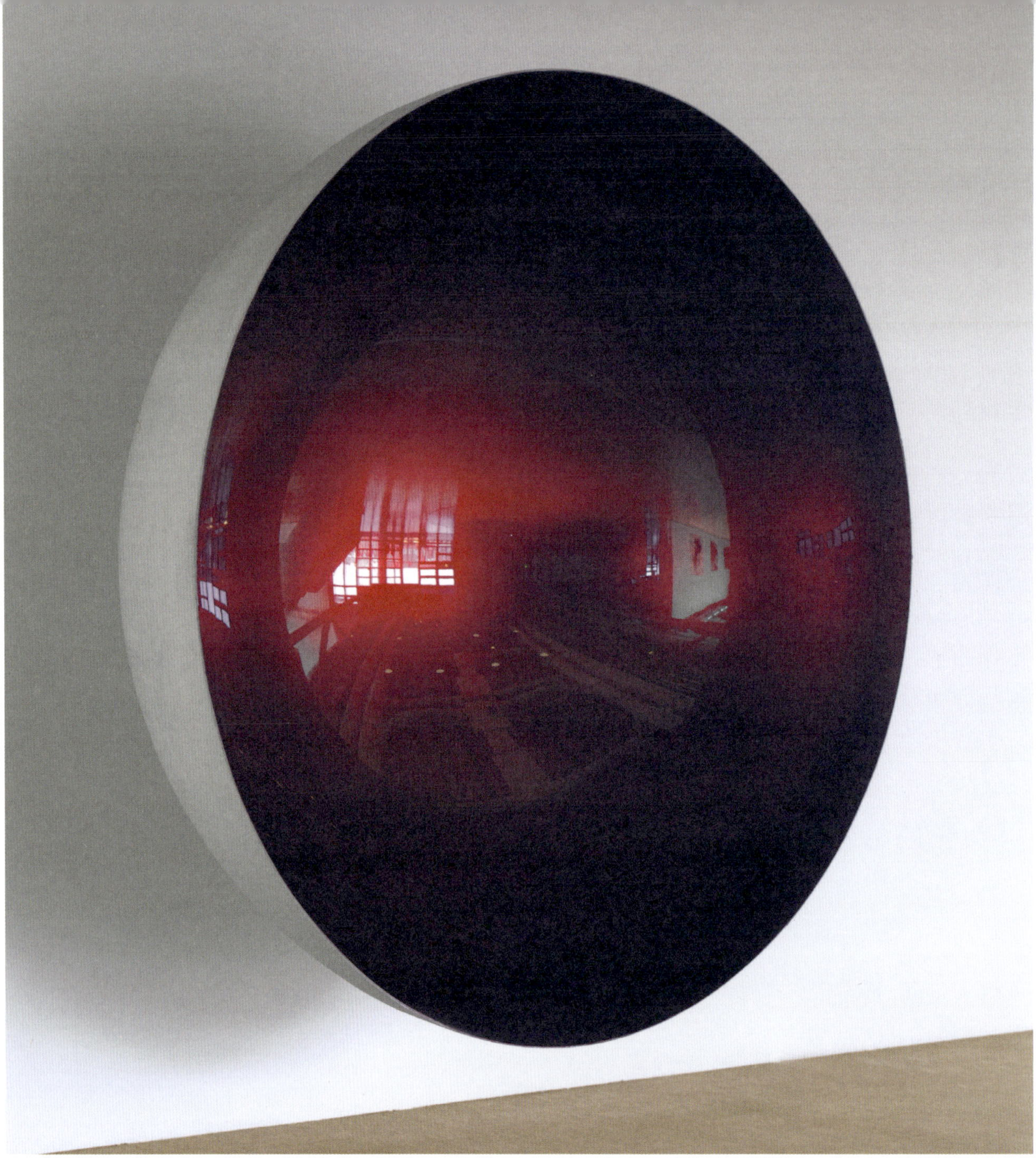

UNBENANNT

2008 Glasfasern, Kunstharz und Farbe

ANISH KAPOOR

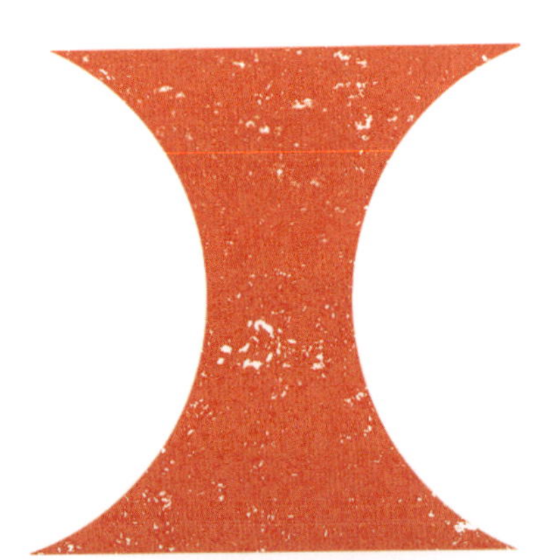

SPIEGELSCHÜSSEL

Stell dir vor, du gehst in eine Galerie und entdeckst dieses Werk. »Ah ja«, denkst du dir, »eine **große, glänzende, dunkelrote Schüssel**, die hier an der Wand hängt.« Du stellst dich also direkt davor. »Was soll daran besonders sein? Ich kann mich darin sehen ... «

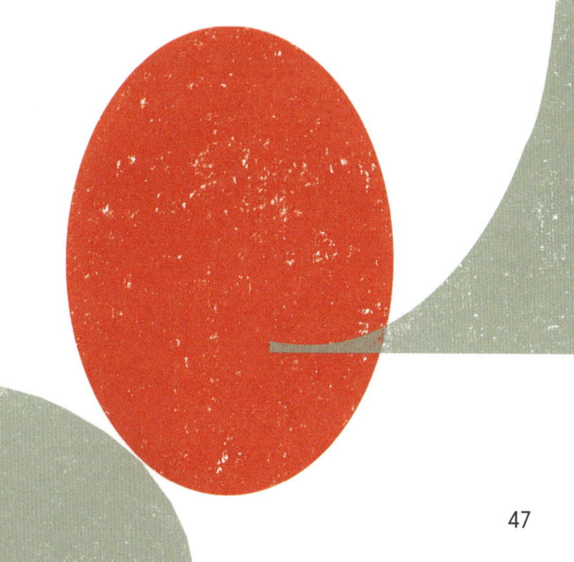

Dann wird es merkwürdig ... Die Skulptur glänzt so sehr, dass sie manchmal wie ein flacher Teller aussieht, dann wieder wie eine Schüssel. Wenn du deinen Kopf bewegst, **wird dunkel zu hell, oben wird unten**. Der Raum und du werden sozusagen geschluckt, kopiert und auf den Kopf gestellt. **WOAH**.

Dieser »**Spiegel-Raum**« – wie Kapoor seine polierten Skulpturen nennt – serviert dir die reale Welt auf völlig surreale Weise. Und alles, ohne dass du eine verschwitzte VR-Brille aufsetzen musst ...

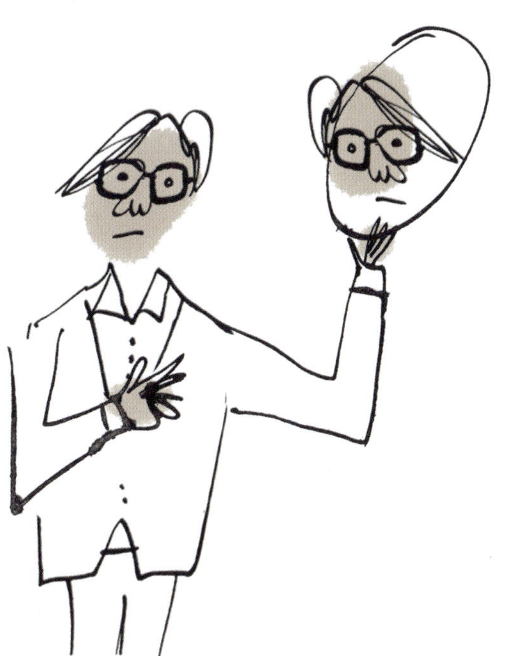

FARBKEGEL

In Indien werden Farbpigmente auf vielen Märkten in bunten kegelförmigen Haufen verkauft. Kapoor schuf seine Kunst mit diesem **Pigmentpuder**, aber die Besucher in den Galerien musste immer niesen und verteilten den Puder gleichmäßig im Raum ...

Haha, das ist natürlich Quatsch! In seinen Werken wollte Kapoor nur weitere Mögichkeiten untersuchen, um tiefe, **reine Farbe** zu schaffen, wie bei diesem glatt aufgetragenen Harz auf seiner Skulptur. Pinselstriche sind nicht zu erkennen, auch keine ausgelassenen Stellen. Sieht aus, als **WÄRE** die Skulptur die Farbe.

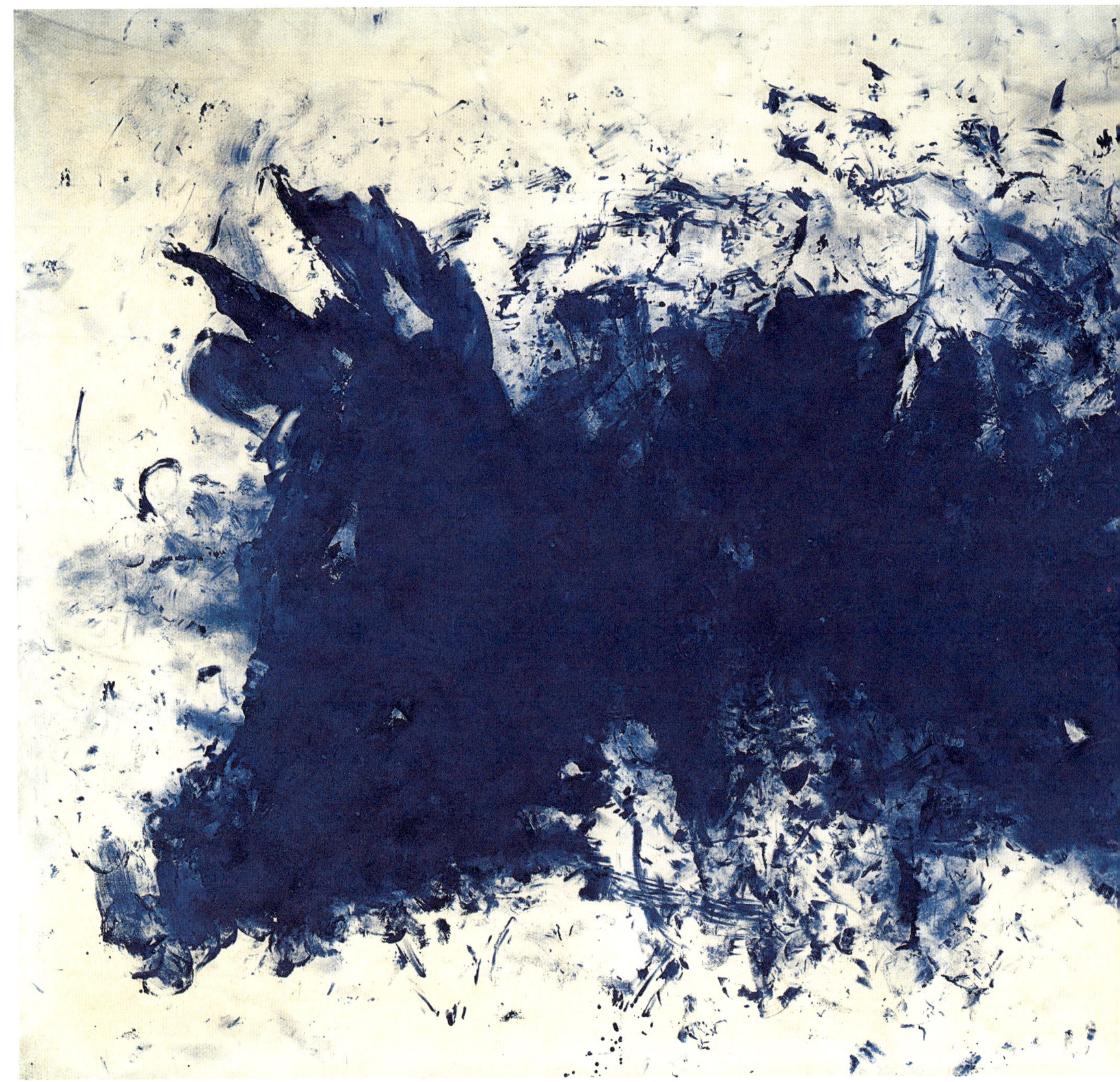

ANT 76, GROSSE BLAUE ANTHROPOPHAGIE, HOMMAGE AN TENNESSEE WILLIAMS

1960 **Pigment und Kunstharz auf Papier, montiert auf Leinwand**

YVES KLEIN

BOOGIE MIT BLAUEM PO

Was tust du da, Yves Klein?! Lass die Frau wieder gehen. Es ist absolut **nicht nötig**, dass du einen **Menschen** als Malwerkzeug benutzt. Du hast jede Menge Pinsel in deinem Koffer, um die dich jeder arme Künstler beneiden würde!

Aber genau so schuf Klein seine berühmtesten Werke. Er ließ **nackte**, in Farbe getränkte Frauen – »lebendige Pinsel«, wie er sie nannte – auf riesigen Papierflächen auf dem Boden umherrollen und sich wälzen. Auf einigen der Gemälde sind deutliche Abdrücke von einem **Hintern** und anderen Körperteilen zu erkennen, bei diesem wollte Klein jedoch die reine menschliche **Energie** und weniger den Körper einer bestimmten Person hervorheben.

Du kannst die wilde, chaotische **Bewegung** förmlich **spüren**, und das ist ziemlich cool. Aber lohnt sich das wirklich – wenn man bedenkt, wie lange sich die Frauen hinterher duschen mussten, um all die Farbe wieder loszuwerden?

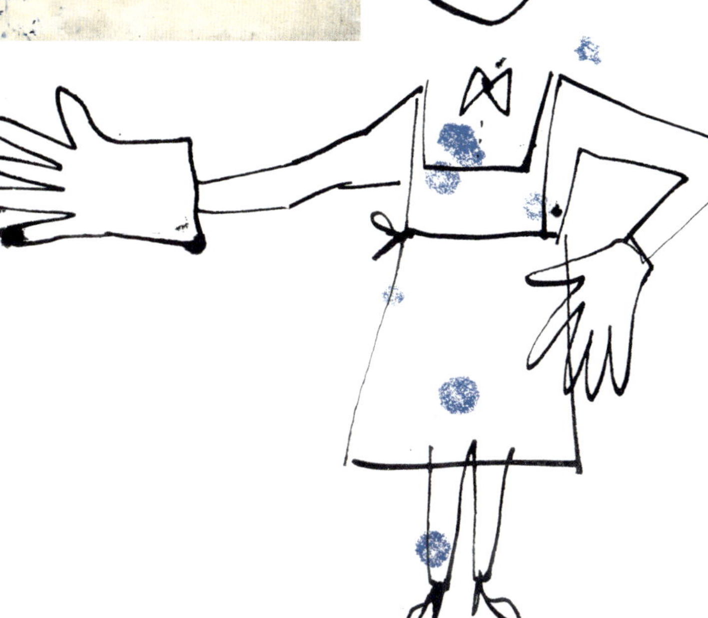

BLAUES BLAU

Was macht man als Künstler, wenn man nicht genau die Farbe finden kann, die man möchte? Wenn du Yves Klein heißt, kannst du einfach **eine neue erfinden**. In einem Urlaub entdeckte Klein, statt nur faul am Pool zu liegen, eine Möglichkeit, das **blaueste Blau** für seine Kunst zu erfinden. Vermutlich beschwerten sich seine Freunde den ganzen Urlaub lang, wie **langweilig** er doch sei …

Ein Jahr später machte er seine Entdeckung offiziell und ließ seine Farbe als International Klein Blue (IKB) patentieren. Wirklich beeindruckend.

WAS IST FÜR DICH EIN PINSEL?

Es ist schon etwas unangenehm, wenn ein Maler den Körper einer Frau als »lebenden Pinsel« beschreibt – in anderen Worten, ein **hirnloses Werkzeug**, mit dem er arbeitet. Wie würdest du dich fühlen, wenn man dich so nennen würde?

Es gibt sehr viele berühmte Kunstwerke von **nackten Frauen**, was etwas **LANGWEILIG** und auch ärgerlich ist, weil so viele Malerinnen in der Geschichte nicht ernst genommen wurden. Eines von Kleins **Modellen** für diese Gemälde – Elena Palumbo-Mosca – äußerte, sie ließe sich nicht gern als Pinsel bezeichnen. ABER sie sagte auch, Klein sei respektvoll und ihre **Zusammenarbeit** fühle sich gut an.

Was hätte also dagegen gesprochen, auch nackte **Männer** als Werkzeuge einzusetzen, Yves Klein?

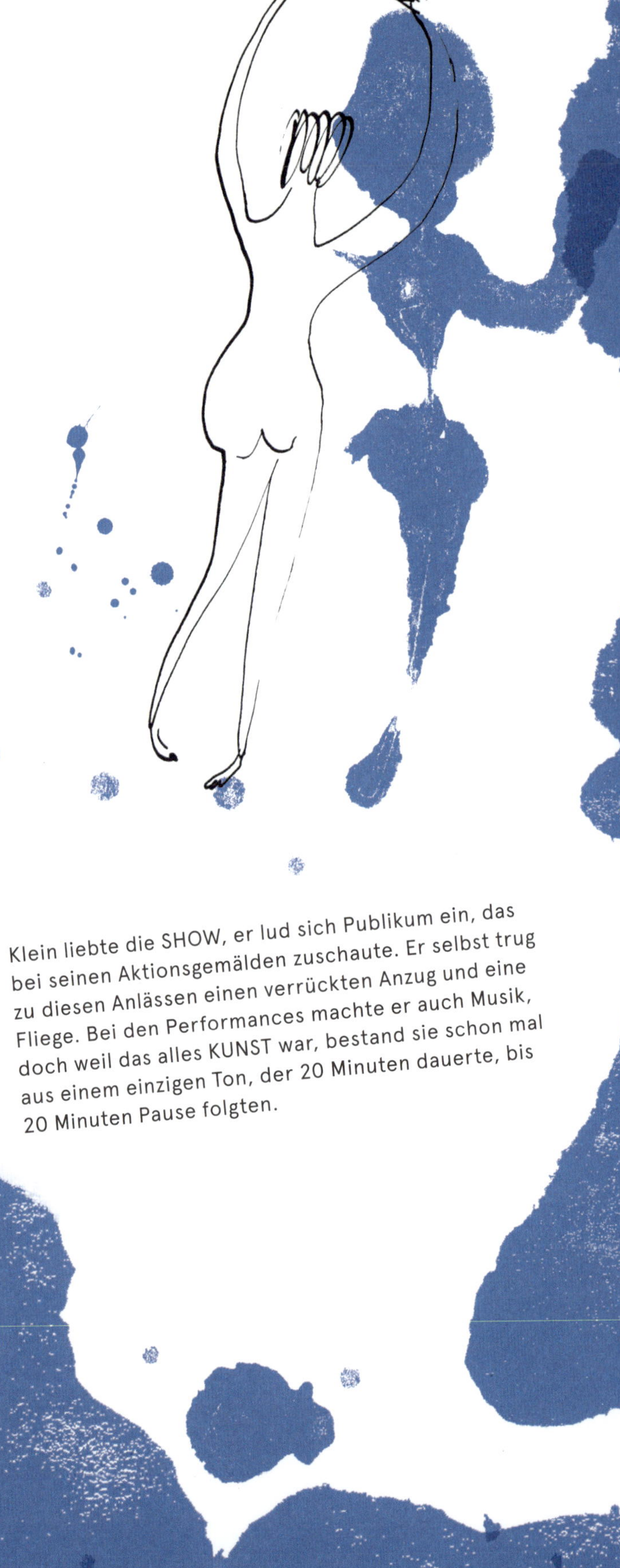

Klein liebte die SHOW, er lud sich Publikum ein, das bei seinen Aktionsgemälden zuschaute. Er selbst trug zu diesen Anlässen einen verrückten Anzug und eine Fliege. Bei den Performances machte er auch Musik, doch weil das alles KUNST war, bestand sie schon mal aus einem einzigen Ton, der 20 Minuten dauerte, bis 20 Minuten Pause folgten.

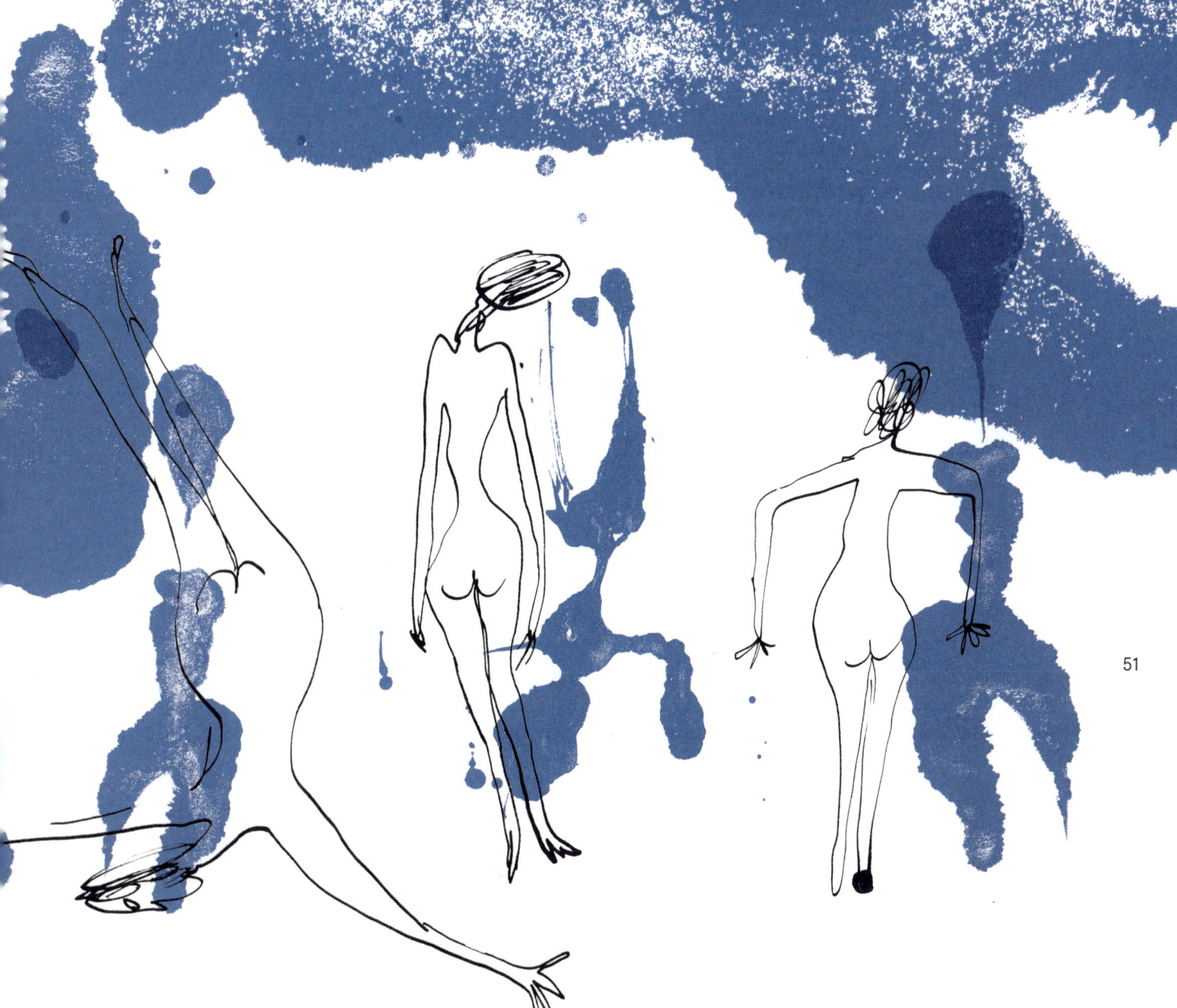

Was sagt der Name?

Lies noch einmal den Namen dieses Gemäldes. Der ist schon schräg, oder? Und es wird noch **merkwürdiger**, wenn du weißt, was er bedeutet. Wir schauen uns das mal an.

»Große blaue« ist einfach – es ist ein blaues Gemälde. Guter Anfang. »Anthropophagie« – das bedeutet »Kannibalismus«. Ich sagte doch, es ist schräg. »Hommage an Tennessee Williams« – weil Klein von einem (ziemlich **grausamen**) Stück dieses Schriftstellers inspiriert wurde.

Und was hat das alles damit zu tun? Du siehst ja, dass die Farbspritzer, **Kratzer** und Flecken nach einem wilden Kampf aussehen – oder als wäre ein **blaublütiges** Tier gerissen worden. Diese Spuren sind das, was der »lebendige Pinsel« zurückgelassen hat, dessen Körper und Energie Kleins Gemälde schufen. Klein ist ein **Kunstkannibale** und das Modell ist sein Opfer …

(Hinweis: Modelle wurden beim Malen nicht verspeist. Versprochen.)

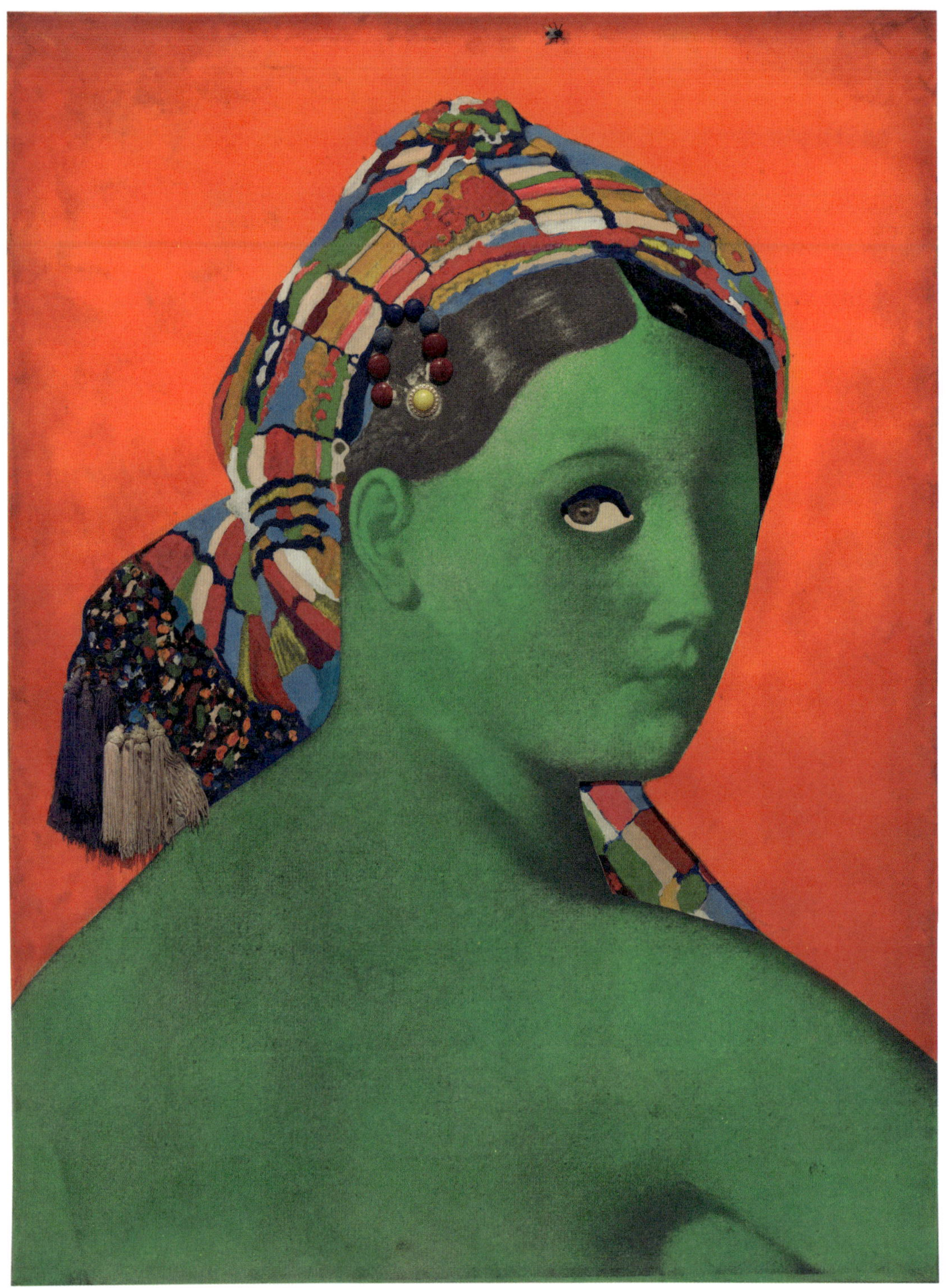

MADE IN JAPAN – LA GRANDE ODALISQUE

1964 Acrylfarbe und verschiedene Objekte auf einem Foto

MARTIAL RAYSSE

DAME MIT FLIEGE

Wow, ist die **Dame grün.** Doch Moment, kenne ich sie nicht von irgendwoher? Ah, ich erinnere mich. Sie wurde ursprünglich von dem berühmten französischen Maler Jean-Auguste-Dominique Ingres gemalt, der sein Bild *Die große Odaliske* bereits 150 Jahre vor diesem hier schuf. Aber damals war sie **nicht grün.**
Was war geschehen?

Eigentlich waren es nur die 60er-Jahre. (Man nennt sie ja auch die »Swinging Sixties«, die Erwachsenen reden immer noch gern darüber.) Raysse beschloss, das Werk von Ingres im Stil der 60er etwas **frech** umzugestalten. Er nahm eine Postkarte von dem Gemälde und besprühte sie mit **grässlich** grüner Industriefarbe.

Doch **WARUM?** Nun, inzwischen sahen die Dinge nicht mehr so aus wie zu Ingres' Zeiten. Unternehmen – häufig aus Japan – warfen endlos viele billige Kopien aller möglichen Objekte in vielen **künstlichen** Farben und Materialien auf den Markt. Raysse fand das toll! Er wollte, dass die Kunst mit der Zeit geht und nicht hochnäsig alles Aktuelle ignoriert.

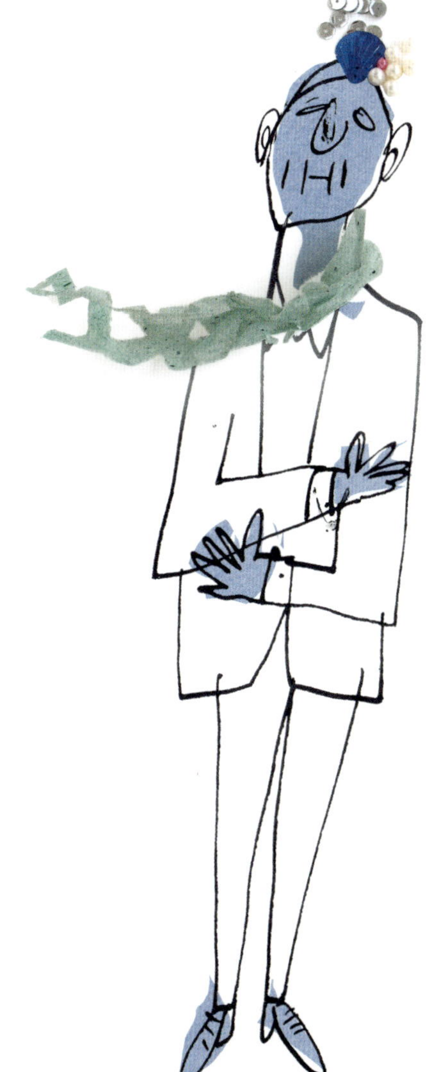

AUFGEKLEBT
Kommt dir vielleicht das eine oder andere im Bild **verdächtig** realistisch vor? Als hätte Raysse einfach Zeug aufgeklebt? Die Kreise aus Perlen, die Fransen des Kopftuchs – alles aufgeklebt. Und über Odaliskes Kopf schwebt eine **FLIEGE** (aus Plastik, keine Sorge).

Fairerweise muss man sagen, Raysse war **wahrscheinlich** nicht faul. Er wollte wohl eher zeigen, wie viel **Zeug** – haufenweise grellen, **BILLIGEN** Kram – die moderne Schönheit brauchte. Und die Fliege? Auf französisch heißt Fliege *mouche* – was außerdem auch »Schönheitsfleck« bedeutet. Und früher trugen Menschen tatsächlich aufgeklebte Flecken. Ein kleiner Hinweis, dass **EITELKEIT** und **TÄUSCHUNG** nicht neu sind ...

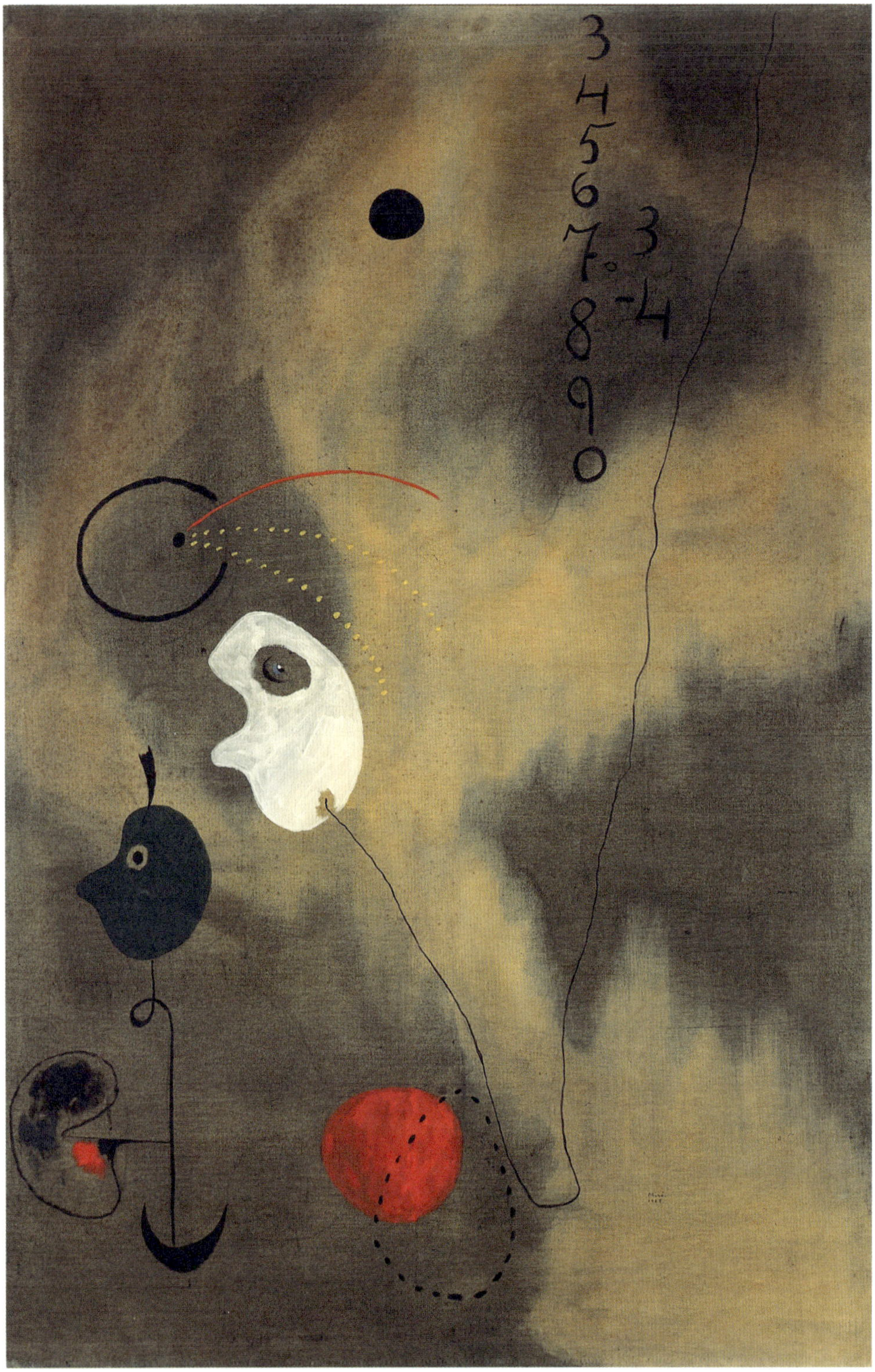

DIE RECHNUNG

1925 Ölfarbe auf Leinwand, aufgeklebt auf Holztafel

JOAN MIRÓ

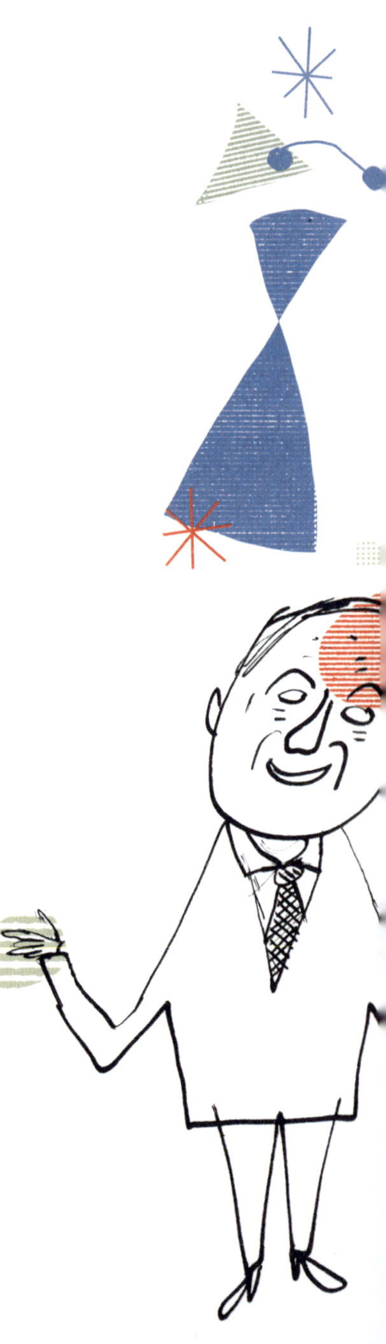

SCHMUTZIGE TRÄUME

Ich weiß nicht, wie es dir geht, aber diese ist die merkwürdigste Rechnung, die ich je gesehen habe. Ein paar **Zahlen** sind aufgekritzelt, aber was bedeuten diese kleinen **Bohnenmännlein?** Warum wirkt der Hintergrund so **DÜSTER** wie aus der Geisterbahn? Und überhaupt – **PINKELT** der Kreis auf den Kopf des weißen Bohnenmännleins?

Joan Miró ließ sich für dieses und andere Gemälde inspirieren, indem er stundenlang auf eine **schmutzige, fleckige Wand** in seinem Atelier starrte. (Ein echt umgänglicher Typ ...) Aber man kann sich gut vorstellen, wie sein Kunstwerk auf eine alte Wand gekritzelt wird, fast wie ein urzeitliches **Höhlengemälde** oder mysteriöse **Graffiti** aus längst vergangener Zeit.

Schau dir mal die runden Formen im Bild genauer an. Erinnern sie dich an etwas? Manche Leute erkennen darin **einfachste Lebensformen** – Zellen, Eier, Bakterien oder Embryos im Mutterleib. Was fällt dir dazu ein?

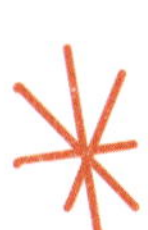

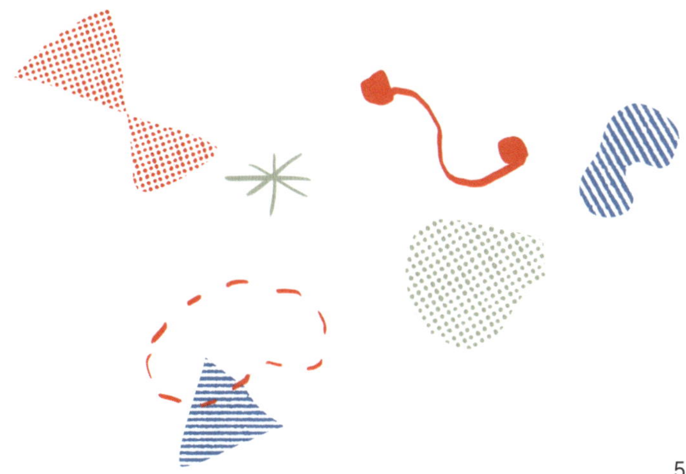

Dieses Werk ist eines von Mirós »TRAUMBILDERN«, die er in einer Art Trance schuf. Darum wirkt auch alles so fremd und schwebend wie in einem Traum.

KUNSTVOLLE FLECKEN

Miró entwickelte angesichts von Flecken auf einer Wand oder Farbspritzern auf einem Putzlappen **Gefühle.** Kannst du dir vorstellen, was es damit auf sich hat? Das ist keine Fangfrage, schließlich kann niemand Mirós Gedanken lesen! Vielleicht hat es jedoch damit zu tun, dass **Zeit vergeht** und alles in der Welt seine **Spuren** hinterlässt.

Wenn die bunten Viecher auf diesem Gemälde für frisches, neues Leben, für eine neue Welt stehen, dann unterscheiden sie sich deutlich von der Welt, in der sie leben, denn der Hintergrund ist alt, schmutzig und voller Spuren wie Mirós Wand. Manchmal ist es einfacher, eine neue Schicht Farbe aufzutragen und so zu tun, als begänne alles von vorn, ohne dass wir weiter unter der **Geschichte** leiden müssen.

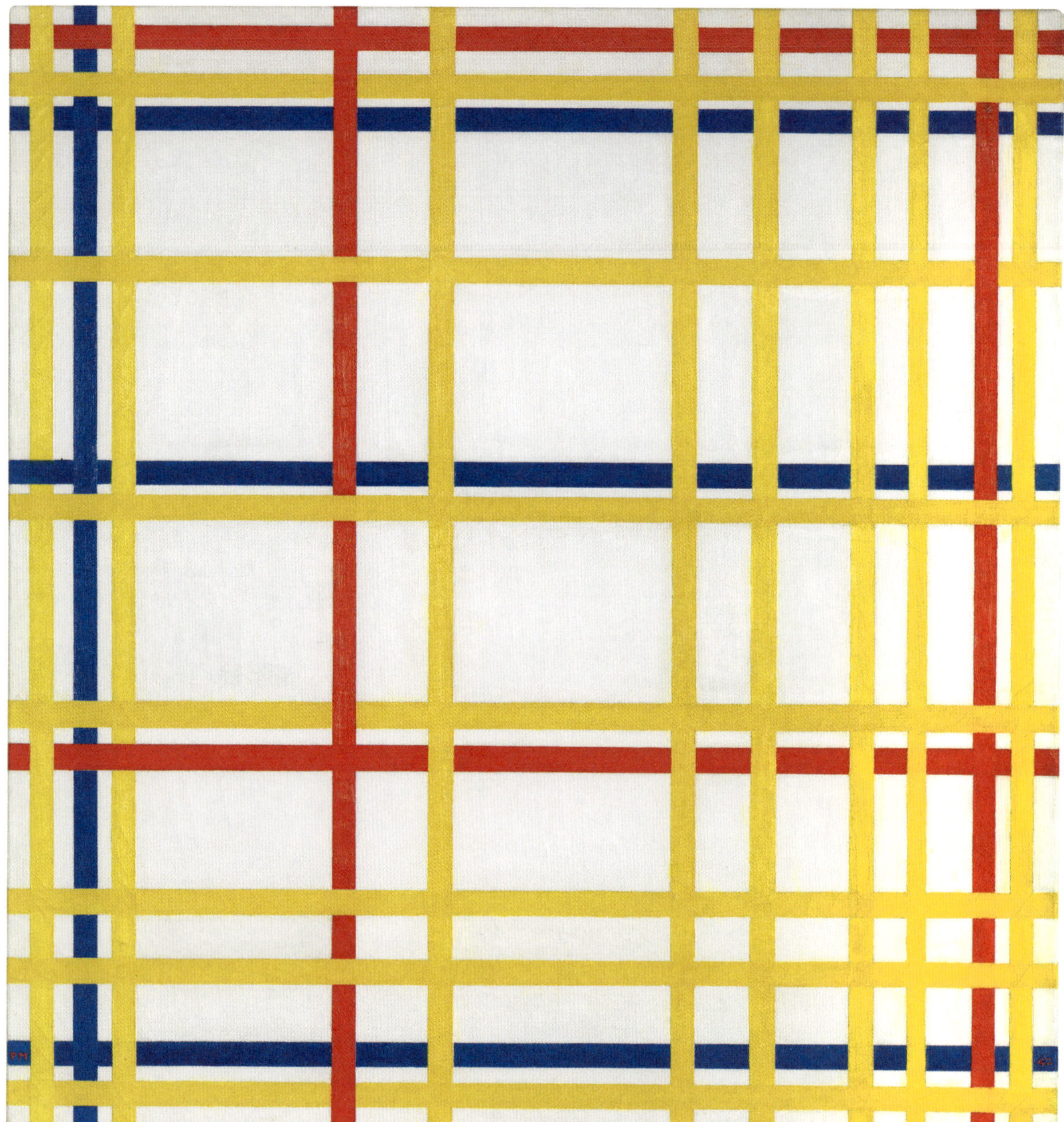

NEW YORK CITY

1942 Ölfarbe auf Leinwand

PIET MONDRIAN

BUNTES RASTER

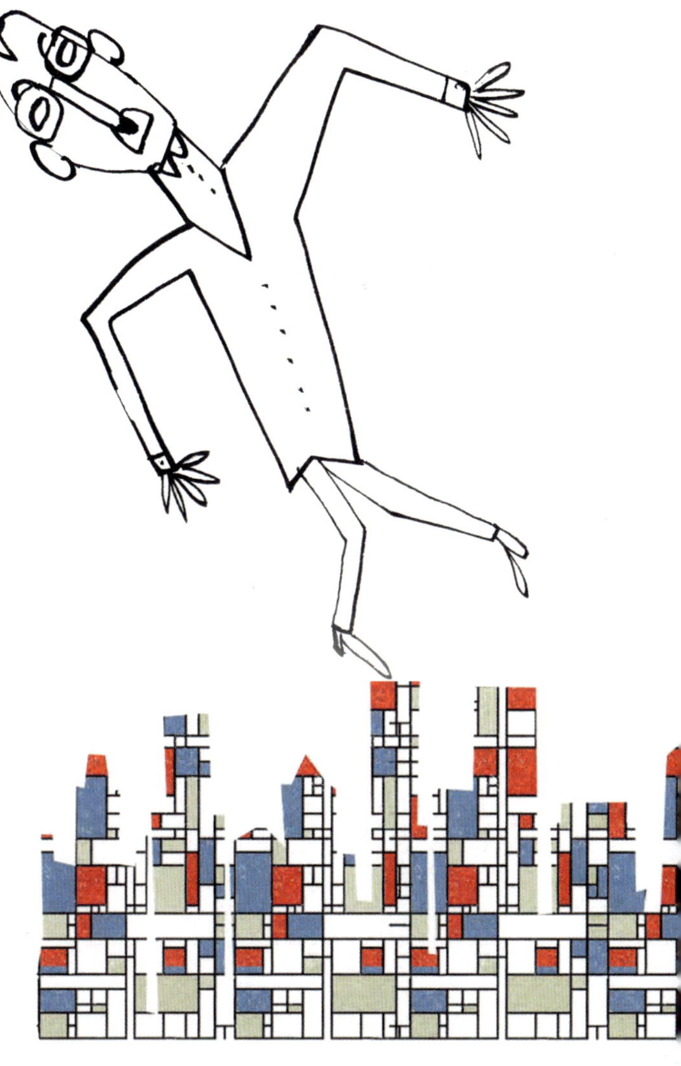

New York, New York! Die Stadt, die niemals schläft. Eine aufregende, hektische Metropole voller **Wolkenkratzer**, **Shopping-Center** und **Bühnenshows**. Oder, wie sie der holländische Maler Piet Mondrian sieht, einige sehr gerade Linien auf grauem Hintergrund. **Schnarch!!**

Etwa nicht? Es mag einfach aussehen, aber wenn du vor diesem Bild voller leuchtend roter, gelber und blauer Linien stehst, sieht das schon beeindruckend aus. Erkennst du, wie sich die Linien **über- und untereinander verweben**? Sie wirken energiegeladen und lebendig. New York City ist als **Raster** rechtwinkliger Straßenzüge erbaut, doch in diesem exakten, logischen Straßensystem tobt ein **lautes, chaotisches Leben**. Mondrian hat all diese Details ausgelassen und sich stattdessen auf die Struktur und Seele der Stadt konzentriert.

Ob du es glaubst oder nicht, hier hat sich Mondrian richtig **gehen lassen**. Normalerweise nutzte er nur schwarze Linien für seine Gemälde. Hier wirkt die Struktur nicht so starr, denn die Linien sind bunt und überlagern einander. Mondrian liebte die Energie in New York, seine freie, lebendige Jazz- und Boogie-Woogie-Musik, und das wollte er in diesem Bild zeigen.

NICHT FERTIG

Wie schaffte es Mondrian, seine Linien so **gerade** hinzubekommen? Mit einem riesigen Lineal? Mit übermenschlich ruhiger Hand? Nein, er arbeitete wie ein Maler, der Wohnräume renoviert – er nutzte **lange Streifen Klebeband**. Er war schon recht praktisch veranlagt!

Für die vier Gemälde in seiner New-York-Serie setzte er auch farbiges Klebeband ein, um zu planen, wo später die bunten Linien sein würden. Woher wir das wissen? Nun, dies ist das einzige Bild der Serie, das wirklich fertiggestellt wurde. Auf den anderen klebt immer noch überall buntes Klebeband!

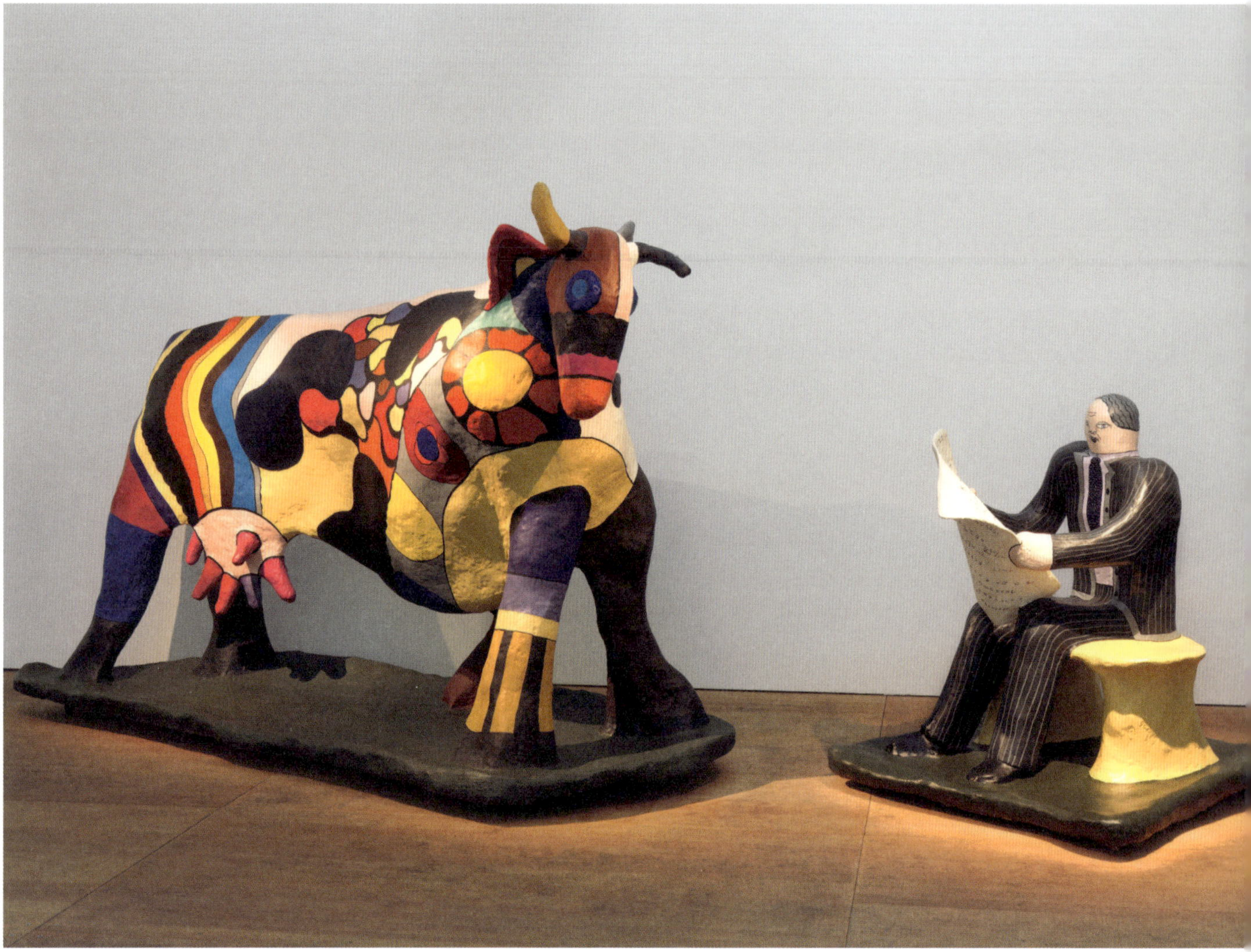

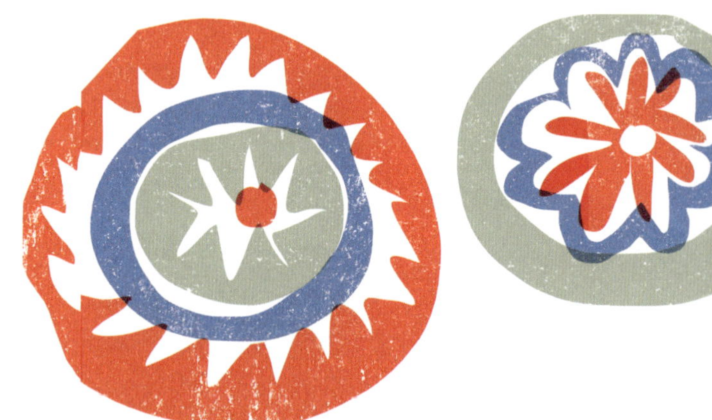

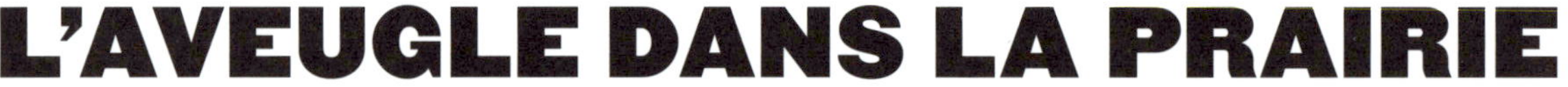

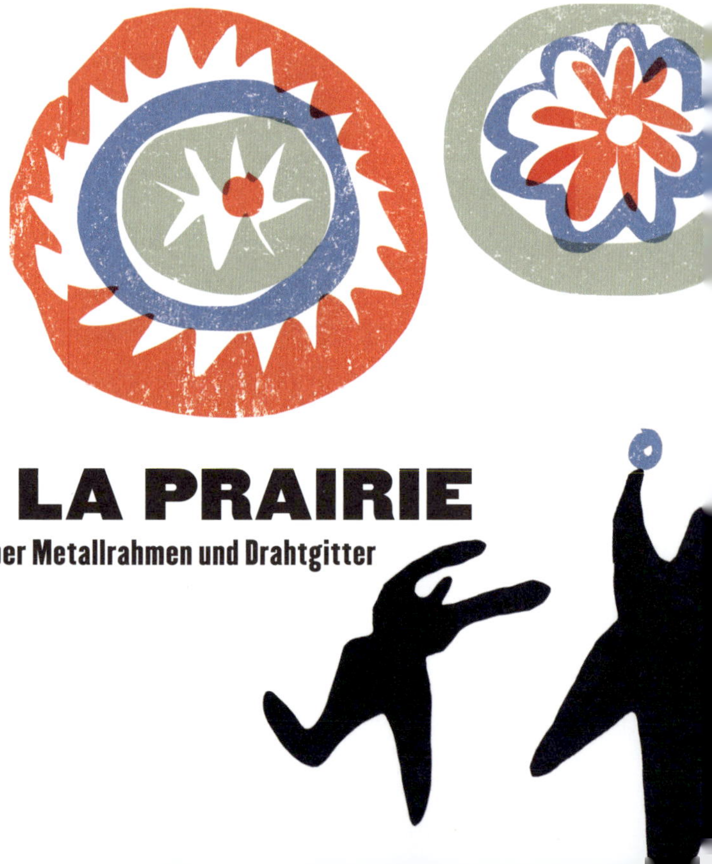

L'AVEUGLE DANS LA PRAIRIE

1974 Der Blinde auf der Weide: Vinylfarbe auf Polyester über Metallrahmen und Drahtgitter

NIKI DE SAINT PHALLE

WUNDERKUH

»**Muh!!! Hallooo!!**« Äh, ich antwortete: »**Muh!!** Was macht eine **riesige bunte Kuh**, um etwas Aufmerksamkeit zu bekommen?«

Es scheint etwas verrückt, dass den Mann in der Installation seine Zeitung mehr interessiert als die Kuh. Das dachte sich zumindest Niki de Saint Phalle. Sie konnte nicht verstehen, warum manche Menschen nicht aus ihrem grauen, kleinen Leben herausschauen wollten und so die Wunder der großen, bunten Welt verpassten.

Aber schau mal – der Mann ist blind!
Niki de Saint Phalle, das ist wirklich unfair. Was? Ach so, ich glaube, ich verstehe. Der Mann ist nicht blind, weil er nicht sehen **kann**, sondern weil er **nicht sehen will.** Und das machte die Künstlerin (und vermutlich auch die Kuh) sehr traurig.

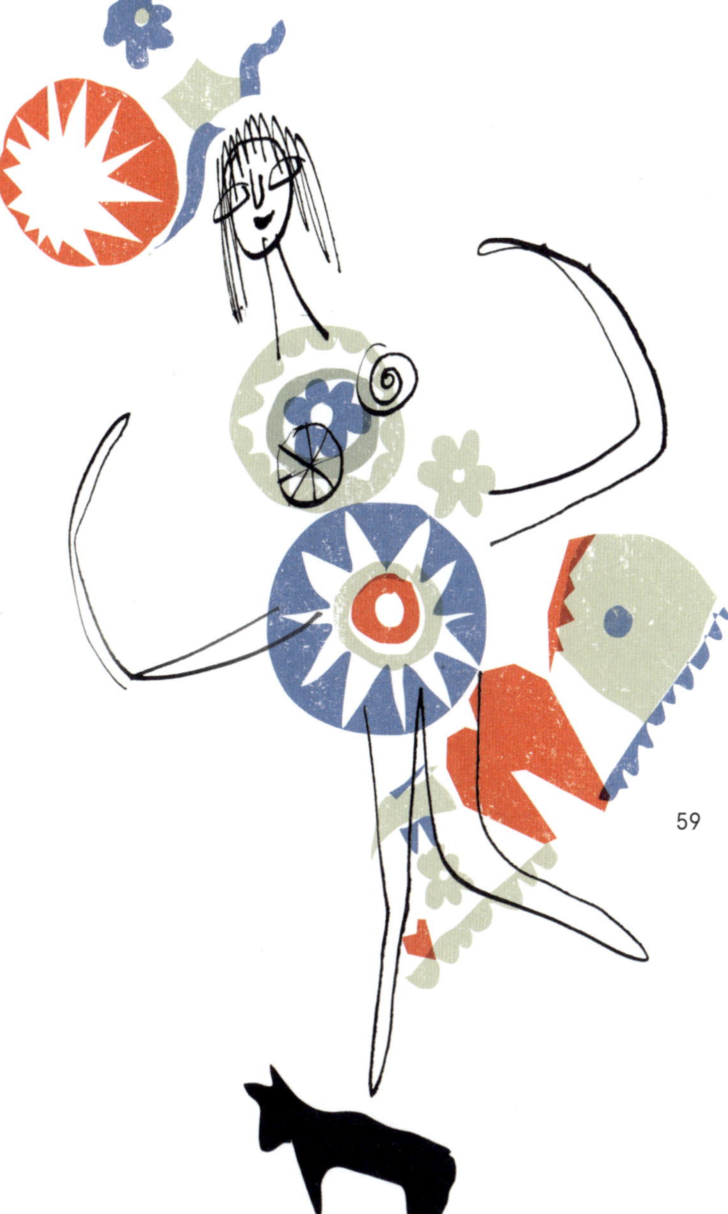

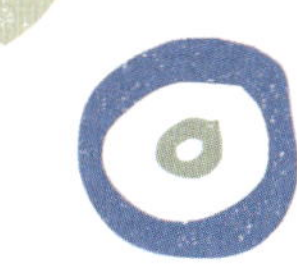

Saint Phalle experimentierte gern mit Kunststoffen wie Polyester und Kunstharz, um ihre Figuren so weich und rund wirken zu lassen. Mit der Zeit bekam sie dadurch aber schwere gesundheitliche Probleme. Madame de Saint Phalle, Sicherheit geht vor!

GEBÄUDE MIT BEULEN

Kannst du dir Gebäude vorstellen, die mit solchen **beulenartigen Formen** und **grellen Farben** verziert sind? Dann schau sie dir in Spanien mit eigenen Augen an! Saint Phalle ließ sich von dem katalanischen Architekten Antoni Gaudí und seinem einzigartigen freien Stil inspirieren, als sie Barcelona und Madrid besuchte.

Im Laufe ihres Lebens schuf sie viele **öffentliche Kunstwerke**. Ihr gefiel die Vorstellung, dass ihre Kunst für alle zugänglich im Freien zu finden ist, genau wie Gaudís Bauwerke, die jeder im Alltag sehen und an denen sich jeder erfreuen kann. (Oder nicht.)

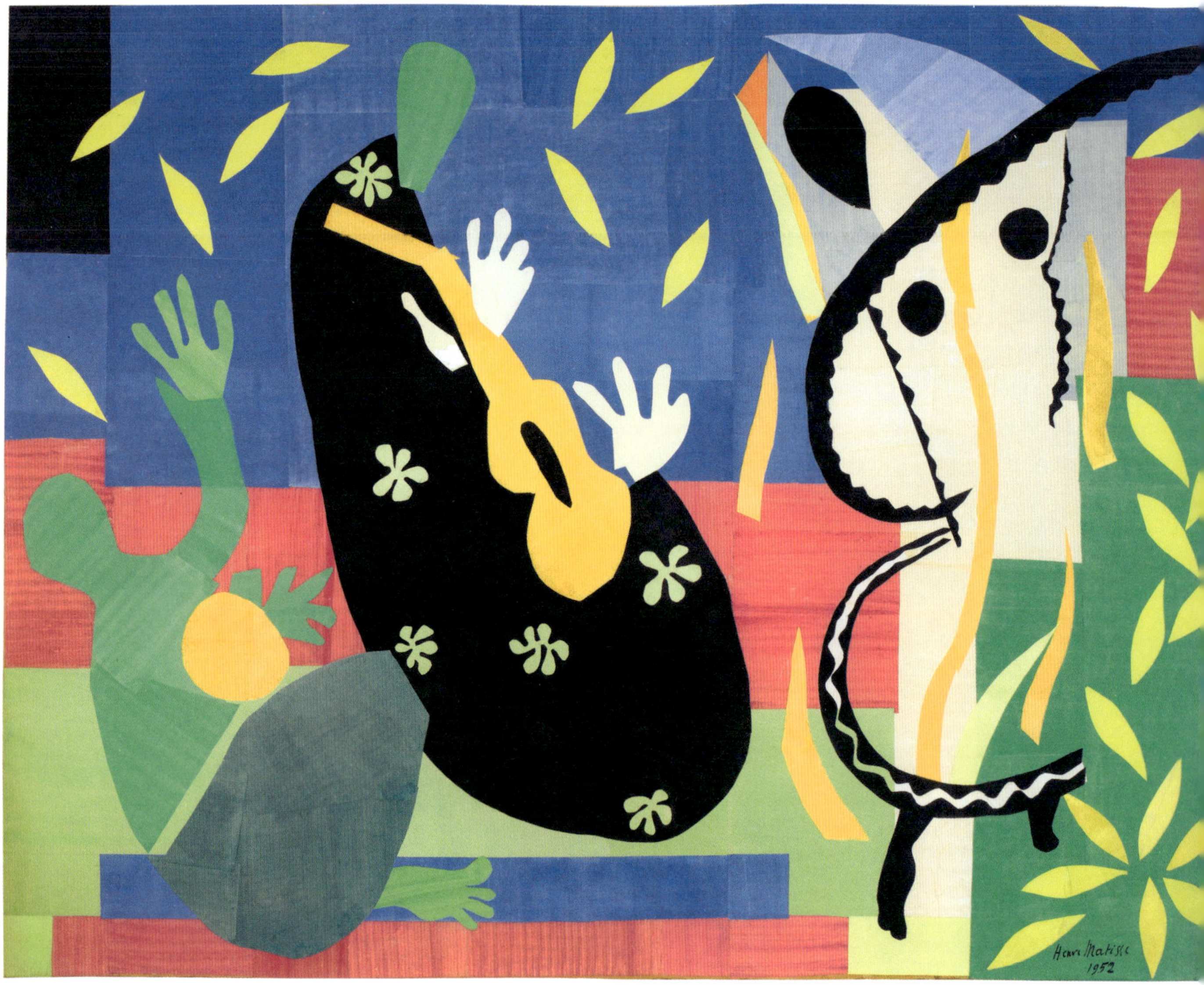

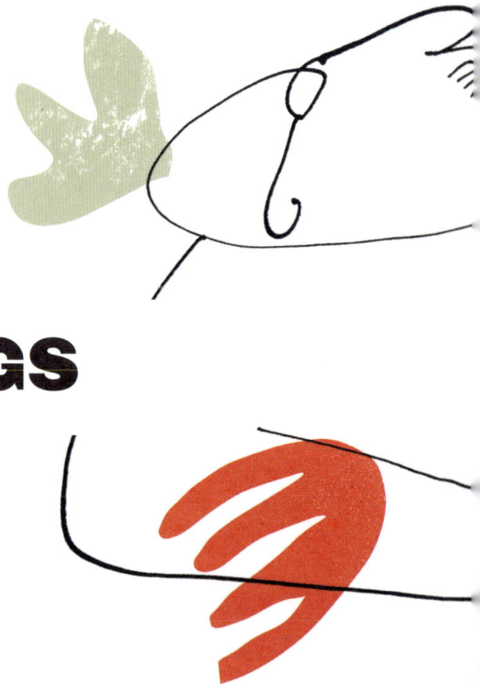

DIE TRAUER DES KÖNIGS

1952 Gouache auf Papier, Scherenschnitt, montiert auf Leinwand

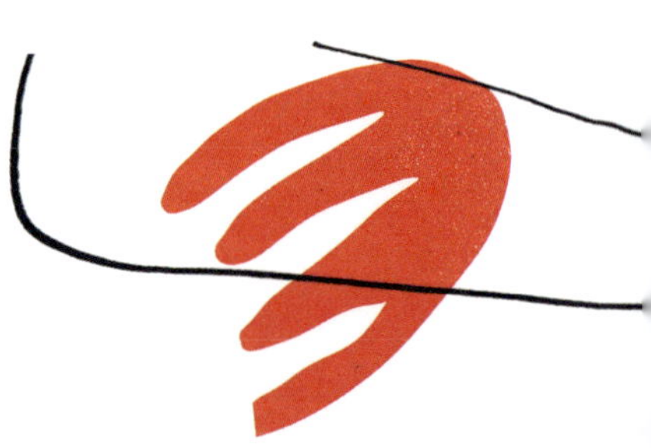

HENRI MATISSE

FARBIG GESCHNITTEN

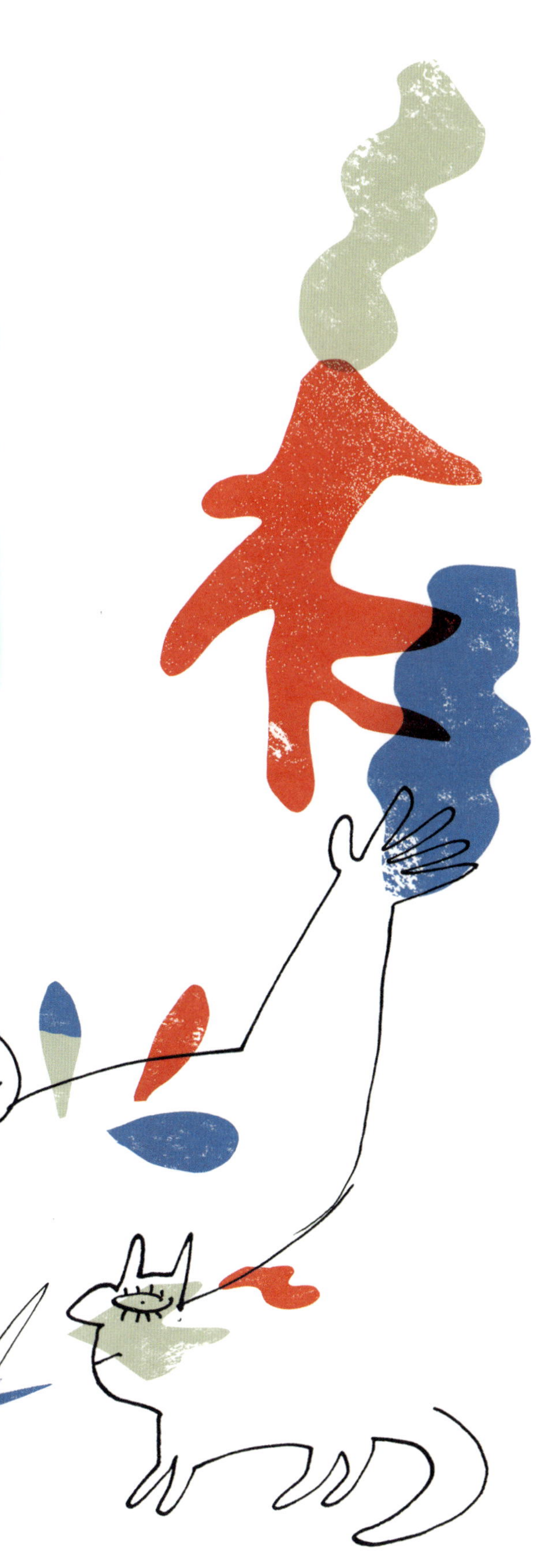

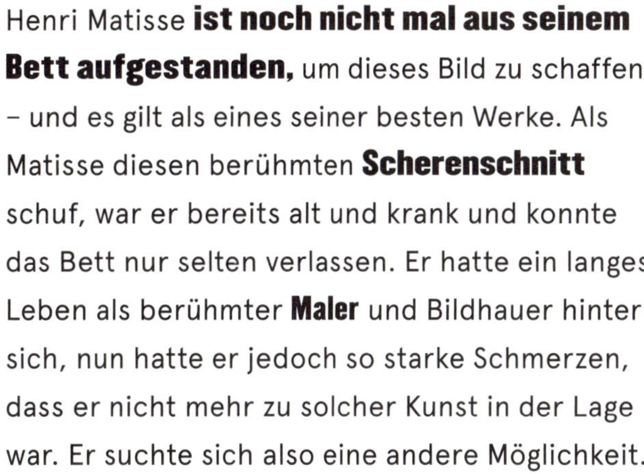

Henri Matisse **ist noch nicht mal aus seinem Bett aufgestanden,** um dieses Bild zu schaffen – und es gilt als eines seiner besten Werke. Als Matisse diesen berühmten **Scherenschnitt** schuf, war er bereits alt und krank und konnte das Bett nur selten verlassen. Er hatte ein langes Leben als berühmter **Maler** und Bildhauer hinter sich, nun hatte er jedoch so starke Schmerzen, dass er nicht mehr zu solcher Kunst in der Lage war. Er suchte sich also eine andere Möglichkeit.

Seine Assistenten bemalten große Papierbögen mit Gouache, einer Farbe, die für kräftige einfarbige Flächen sorgt. Matisse »**zerschnitt die Farbe**«, wie er es bezeichnete, und machte daraus Papierformen. Die Assistenten bekamen **exakte** Anweisungen, wie diese zu einem Bild zusammenzusetzen waren. Sie steckten sie an einer Wand in seinem Schlafzimmer fest.

Zu viel **herumkommandiert?** Sicher, aber es ist beeindruckend, dass Matisse die Kontrolle über seine Kunst behielt und noch immer seine Vision in die Realität umsetzen konnte.

DAS PAPIER, ES LEBT!

Bei dem gedruckten Bild kannst du nicht erkennen, wie **rau** das Papier ist, aus dem das Werk besteht. Du erkennst nicht die blassen, **krumpeligen** Falten des Papiers, auch nicht die **Ränder**, die wegen des alten Klebers abstehen.

Gedruckt sieht es sicher ordentlicher aus, aber das wollte Matisse nicht. Ihm gefiel, wie leicht und **fragil** Papier sein kann, und die Herausforderung, daraus Kunst zu machen. Er sagte: »Es atmet, es reagiert, es ist nicht tot.«

Wer ist hier traurig?

Lies noch einmal den Titel des Kunstwerks. Wirkt dieser Scherenschnitt **traurig**? Für mich nicht. Leuchtende Farben, Blumen, tanzende Formen – eigentlich sieht er glücklich und nach Sommer aus. Matisse baute sein Werk auf Geschichten über einen **traurigen alten König** auf, der von einem **Musiker** aufgemuntert wird. Siehst du den schwarzen Trauerfleck, der die Gitarre hält? Das sind König und Musiker in einer Person. Es handelt sich um das **Selbstporträt** von Matisse – er ist ein alter, kranker Mann, kann aber noch immer Kunst schaffen.

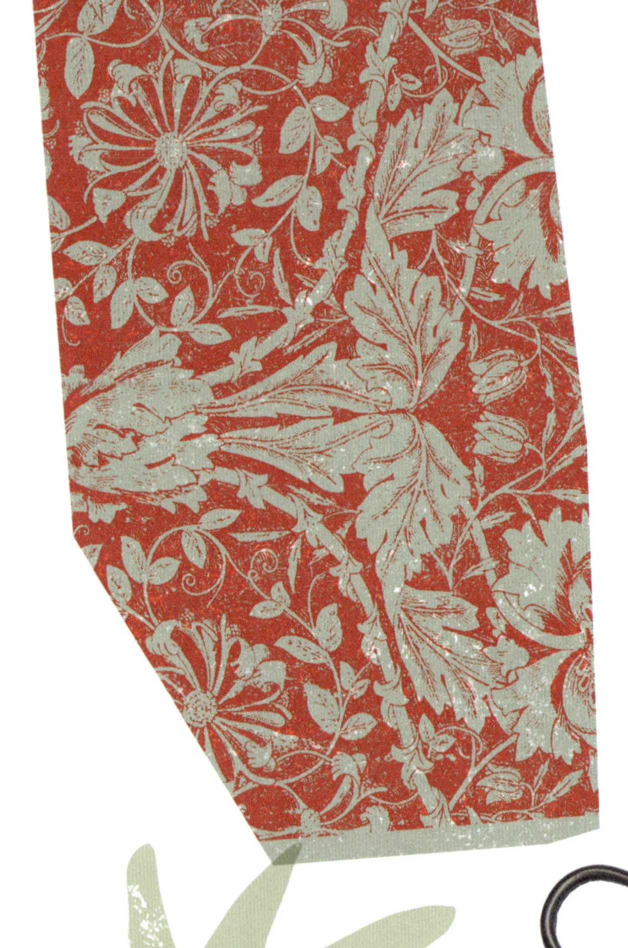

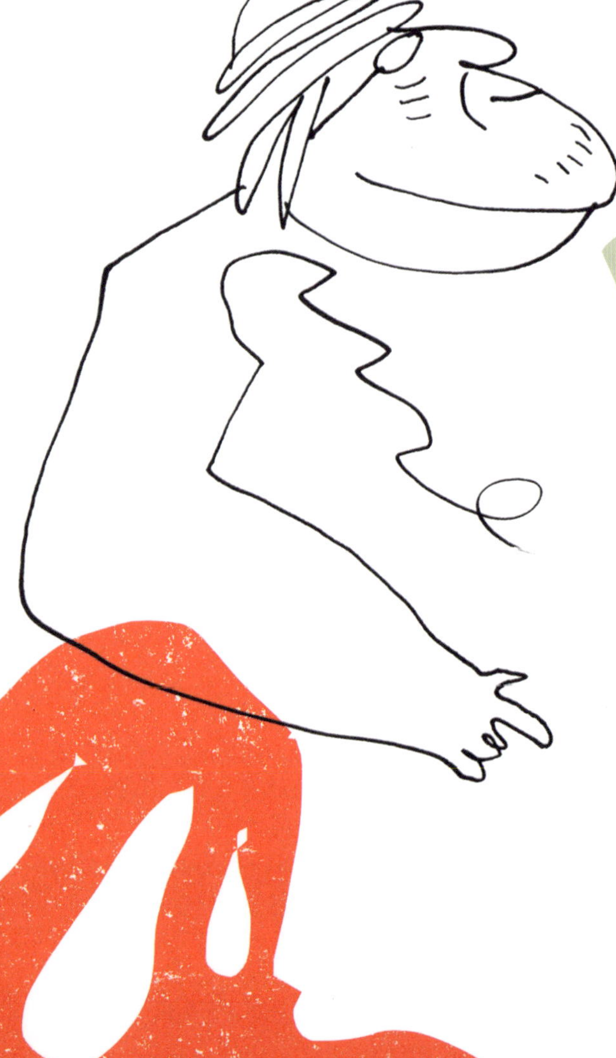

LEBENSPORTRÄT

Die Trauer des Königs ist nicht nur als Selbstporträt von Matisse zu jener Zeit zu verstehen, in der er es geschaffen hat – es zeigt ein Porträt seines **gesamten Lebens** und von allem, was ihm daran gefiel. Sicher, da ist die **dunkle Traurigkeit** seines hohen Alters, der Krankheit und des nahen Todes. Doch die Kunst wirbelt und singt noch immer mit all den grellen, bunten Farben, durch die frohe Erlebnisse und **Erinnerungen** an sein langes, aufregendes und erfülltes Leben als Künstler ausgedrückt werden.

DAS BESTE KOMMT ZUM SCHLUSS

Matisse ist einer der berühmtesten modernen Künstler, die es jemals gab, und während seiner gesamten Karriere hatte er zahlreiche Ideen und Techniken, von denen die Kunstwelt begeistert war: **SO GENIAL, WIR LIEBEN DICH, WIE MACHST DU DAS?** Doch viele Künstler und Kunstkritiker stimmen darin überein, dass er seine besten, einfalls- und **einflussreichsten** Werke erst in der »Scherenschnitt«-Phase schuf, als er gegen Ende seines Lebens ans Bett gefesselt war. Statt aufzugeben, setzte er sich kreativ mit seiner schwierigen Situation auseinander und schuf damit absolute Meisterwerke.

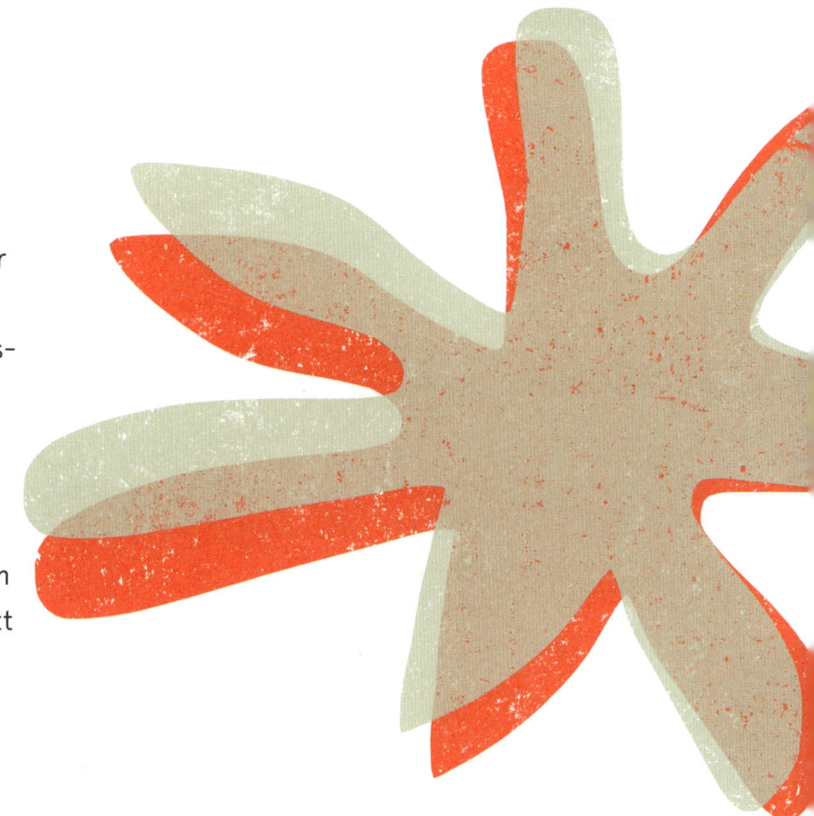

DER KREIS SCHLIESST SICH

Merkwürdigerweise begann Matisse seine künstlerische Laufbahn ebenfalls im **Bett**. Im Alter von zwanzig Jahren, als er bereits sein Studium abgeschlossen und eine Laufbahn als Jurist begonnen hatte, bekam er eine Blinddarmentzündung. Er musste lange das Bett hüten. Damit ihm nicht langweilig war, kaufte ihm seine Mutter einige **Kunst-Utensilien**. Von der Krankheit erholte er sich vollkommen, das Kunst-Virus hatte ihn jedoch infiziert.

PIERRE ANGULAIRE

1960 Eckstein: Ölfarbe auf Leinwand

AURÉLIE NEMOURS

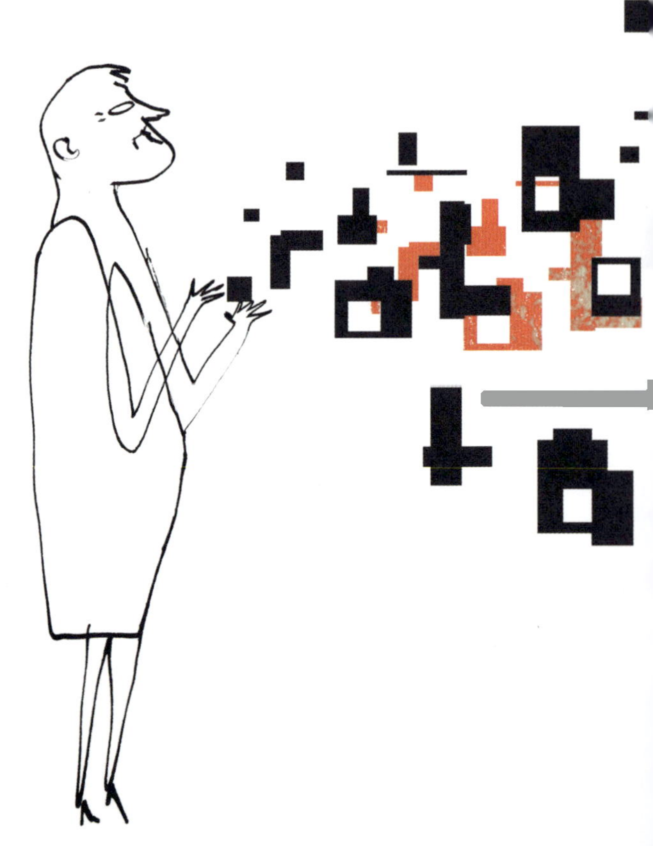

IN REIH UND GLIED

Auf den ersten Blick macht das Bild bestimmt ähnlich viel Spaß wie ein Besuch beim Zahnarzt. Aber nicht jedes Kunstwerk fällt gleich mit der Tür ins Haus, manche brauchen etwas Zeit, um sich dem Betrachter zu öffnen. Es könnte sein, dass du etwas verpasst, wenn du einfach »**Langweilig!**« denkst und umblätterst.

Schau dir einige Sekunden jede der unterschiedlich farbigen Formen an. Sind sie flach und leblos? Nein! Das Gelb ist so grell, es **vibriert** förmlich, und dieses dunkle Violett und das Schwarz sind mit allen möglichen **undeutlichen**, wirren Kratzern und Flicken besetzt.

Nemours war vom **Rhythmus der Natur** wie besessen. Das klingt nach unerträglichem Hippie-Tanzkurs, aber ich meine es anders. Die Natur gehorcht allen möglichen **Regeln**, richtig? Doch im **Leben** geht es um ständige Veränderung und Energie. Nemours wollte diese **Balance** in ihrer Kunst darstellen – das chaotische Durcheinander des Lebens, geordnet in exakte, saubere Formen.

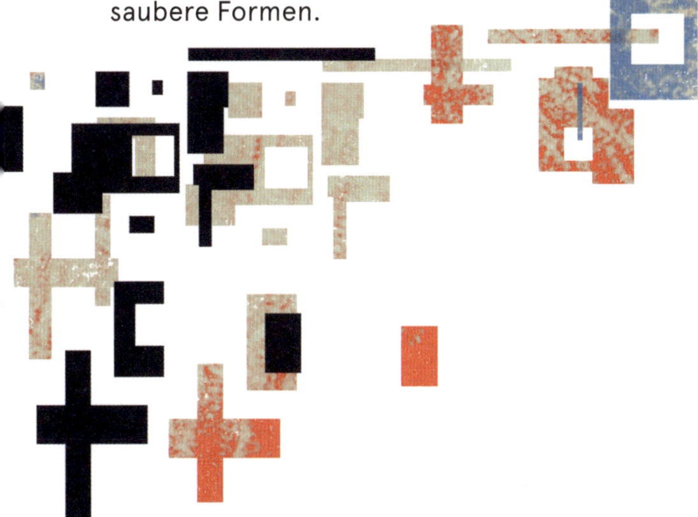

NICHTS MALEN

Wie viele andere moderne Künstler schuf Nemours gern Kunstwerke, die keine erkennbaren Gegenstände zeigten – keine Esel, keine Doughnuts, nichts. Warum? Für Nemours war es wichtiger, die **Freiheit** zu haben, ihre Ideen ganz nach ihrem Geschmack darstellen zu können. Manchmal hast du doch bestimmt auch einen Gedanken oder ein Gefühl, für die du nicht **die richtigen Worte** findest. Das ist genauso. Nur mit Farbe.

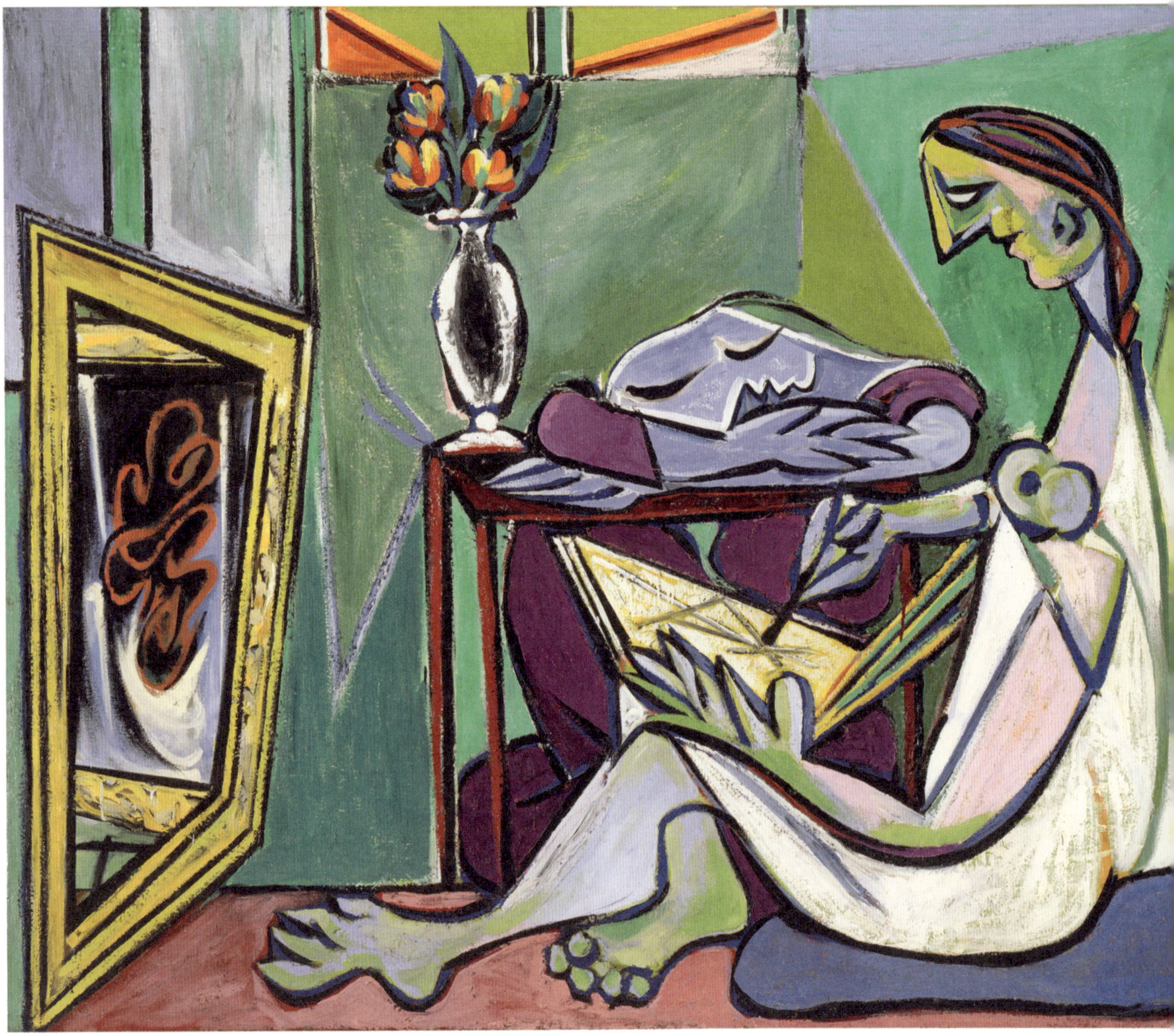

DIE MUSE

1935 Ölfarbe auf Leinwand

PABLO PICASSO

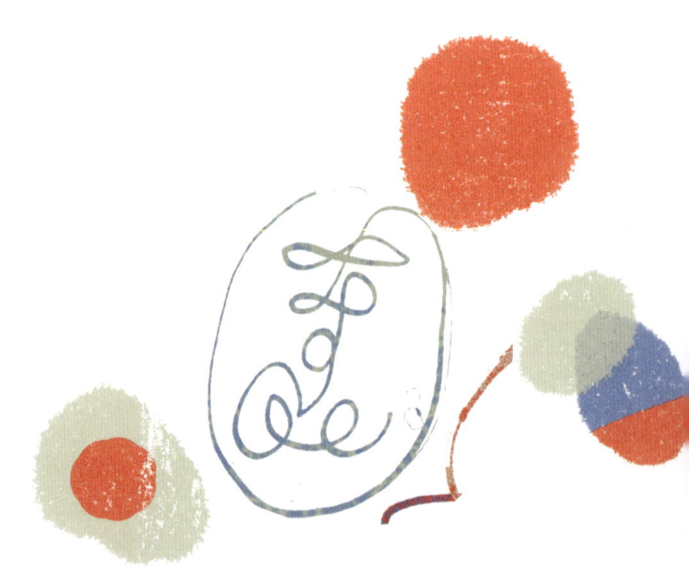

NICHT LUSTIG

Was genau ist eine **Muse?** Also, wenn du eine Muse bist, hat ein Künstler beschlossen, dass du ihn **inspirierst**. Er schafft viele Kunstwerke, auf denen du zu sehen bist, du musst herumsitzen und **mysteriös, magisch** und **faszinierend** sein. Nur sind wir Menschen nicht wirklich so, oder? Wir bekommen schlechte Laune, machen blöde Witze, schnarchen, pupsen und tun alle möglichen **menschlichen** Dinge, die weder schön noch überirdisch sind.

Picasso liebte jedoch die Vorstellung von einer Muse und hielt sich immer eine Reihe davon – meistens seine schwer geprüften **Freundinnen** und **Ehefrauen**, häufig mehrere zugleich. Nun können ja Menschen in einer Hinsicht absolut **genial** sein, in anderer wiederum richtig **bescheuert.** Picasso ist wahrscheinlich der berühmteste moderne Künstler überhaupt, doch er sagte auch Dinge wie: »Es gibt nur zwei Arten von Frauen – Göttinnen und Fußmatten.« **GEHT'S NOCH,** Picasso?

HOME SWEET HOME

Auf diesem Bild sind zwei Frauen zu sehen – welche davon, glaubst du, ist die Muse? Die schläfrige, seitlich dargestellte blaue Dame oder die Dame, die nackt ist und zeichnet? Picasso malte dieses Bild in einer ziemlich **chaotischen** Periode seines Lebens, als er sich von seiner ersten Frau trennte und mit einer anderen ein Kind bekam.

Könnten das vielleicht »die alte Muse und die neue Muse« sein? Oder, wie manche glauben, Picassos Vorstellung, dass beide Frauen ihm ein glückliches, gemütliches Heim bereiten, während er tut, wonach ihm der Sinn steht? **HA**, träum weiter, Kollege!

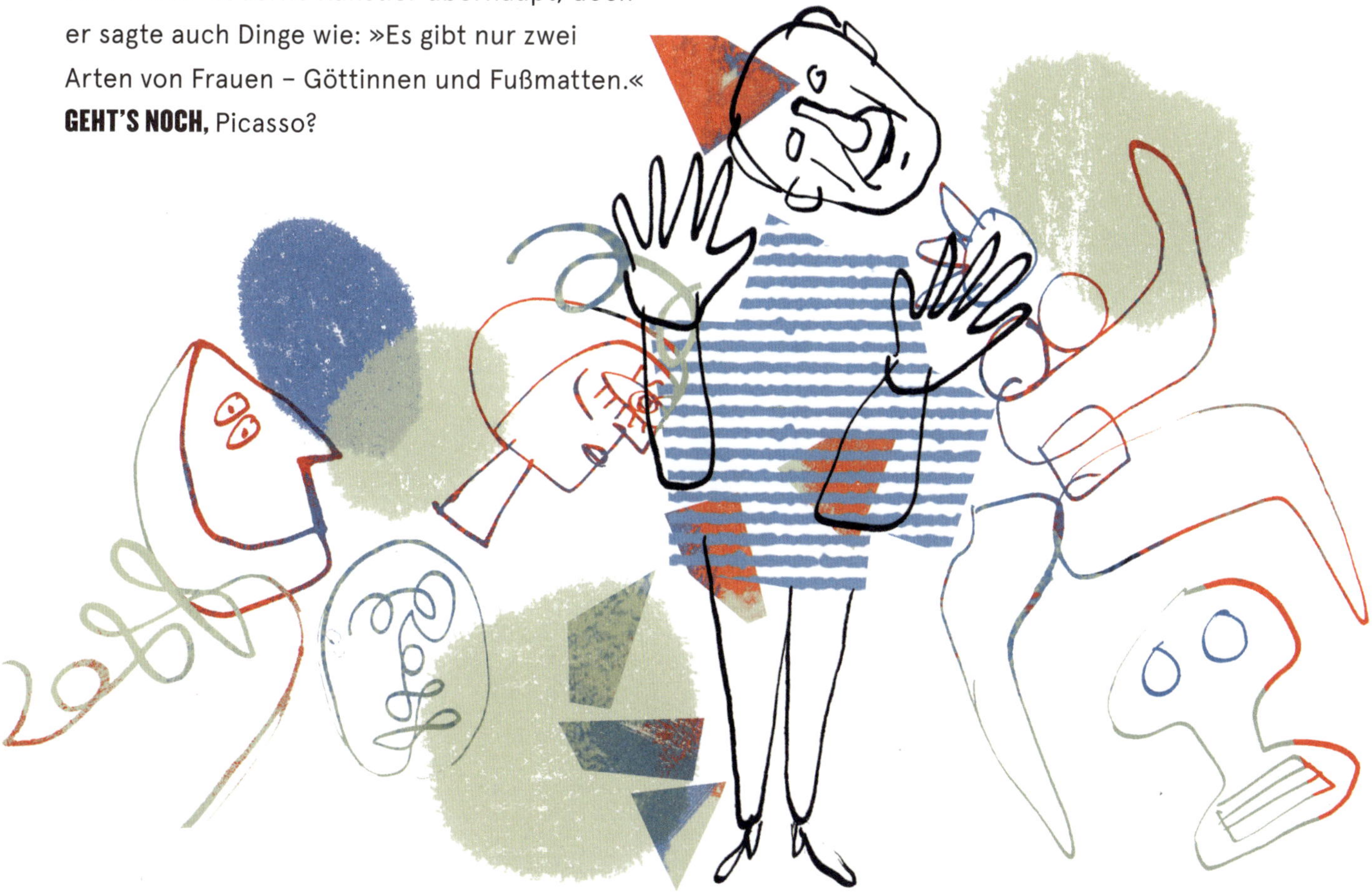

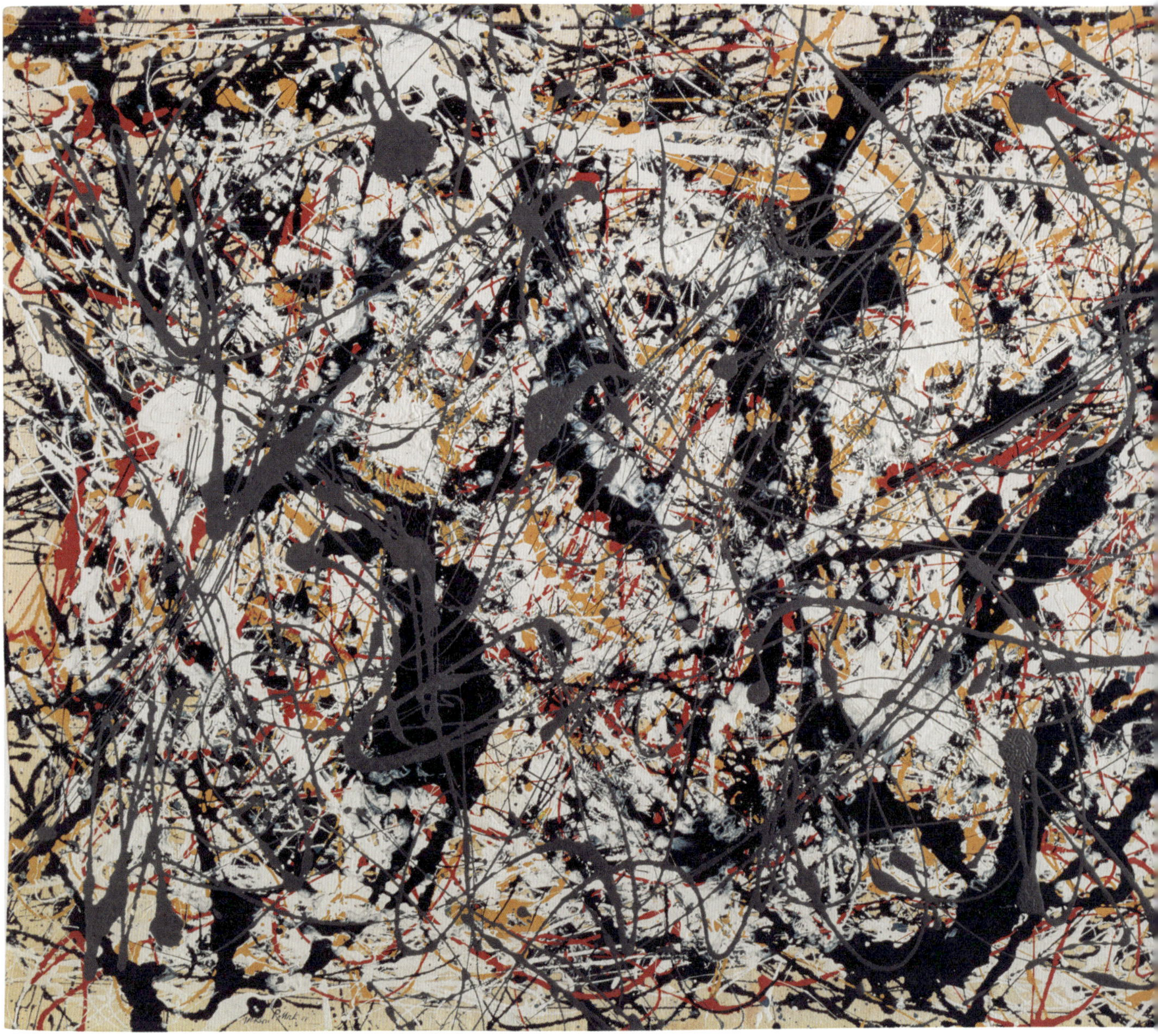

PAINTING (SILVER OVER BLACK, WHITE, YELLOW AND RED)

1948 **Gemälde (Silber über Schwarz, Weiß, Gelb und Rot): Farbe auf Papier, montiert auf Leinwand**

JACKSON POLLOCK

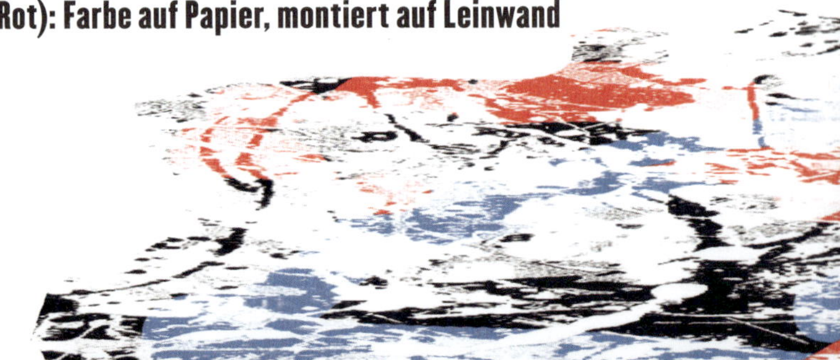

TROPF-TROPF

Oh, Jackson Pollock, schau dir die Sauerei an! Es sieht ja aus, als hättest du mit Absicht eimerweise Farbe auf eine schöne, neue Leinwand geschüttet! Ach, das hast du tatsächlich getan? Klar, hätte ich mir denken können ...

Pollock beim »Malen« seiner berühmten **Drip Paintings**, Tropfgemälde, zuzuschauen, war schon speziell. Er legte eine riesige Leinwand auf dem Fußboden aus und **tanzte** um sie herum, dabei warf, spritzte, tropfte und goss er in einer Art wilden Trance Farbe darüber.

Manche Leute hielten diesen Prozess für völlig **zufällig** und hetzten, das sei **keine Kunst**. Doch Pollock betonte, er wüsste, wie jedes Gemälde aussehen solle, und hörte nicht auf umherzuspringen, bis es fertig war.

FOLGE DEN SPUREN

Um es mit den Worten verwirrter Eltern zu sagen, denen Kinder ihre Bilder zeigen: »Prima, Schatz! Was ist das?« Die kurze Antwort: »Nichts.« Das ist **abstrakte Kunst**. Es geht um Farbe und Form. Reale Objekte sind **verboten**.

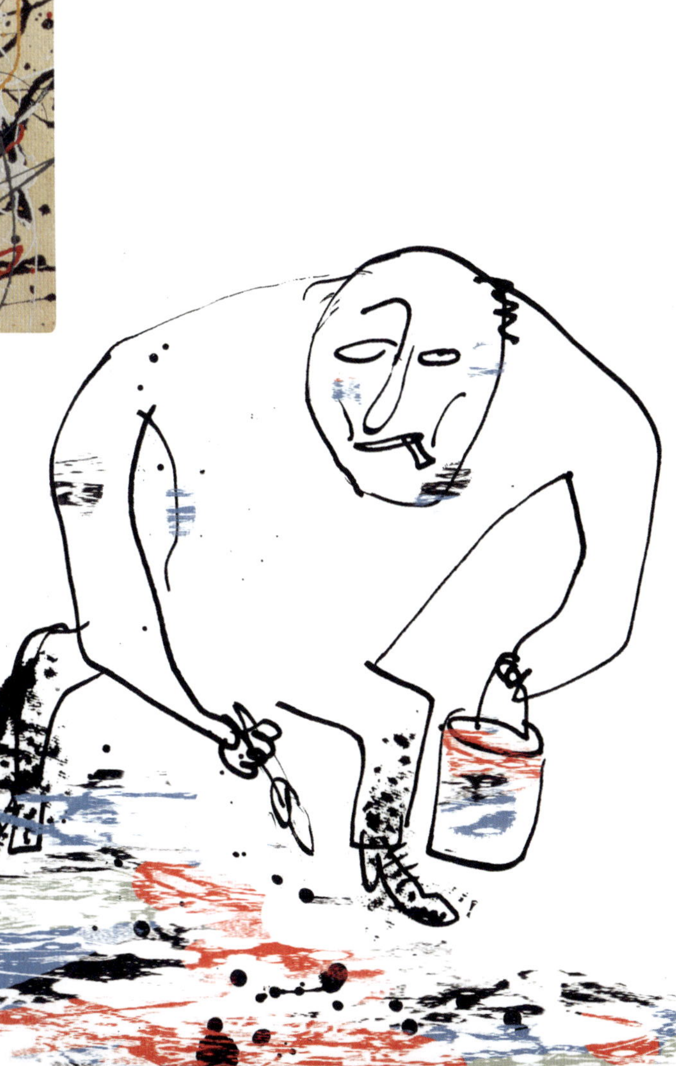

Du möchtest die ausführliche Antwort? Du erinnerst dich an die Bewegungen, die Pollock vollführte, um das zu malen? Das Gemälde soll uns die **sichtbaren Spuren zeigen,** die Pollock hinterließ, während sich sein Körper um und über die Leinwand bewegte.

Statt seine **Bewegungen** zu verbergen und seine **Energie** in realistische Gemälde zu stecken, die den falschen Eindruck wecken, wir sähen einen echten Vogel oder Baum, stellte er sich selbst und seine Farbe in den Mittelpunkt – so wie sie waren.

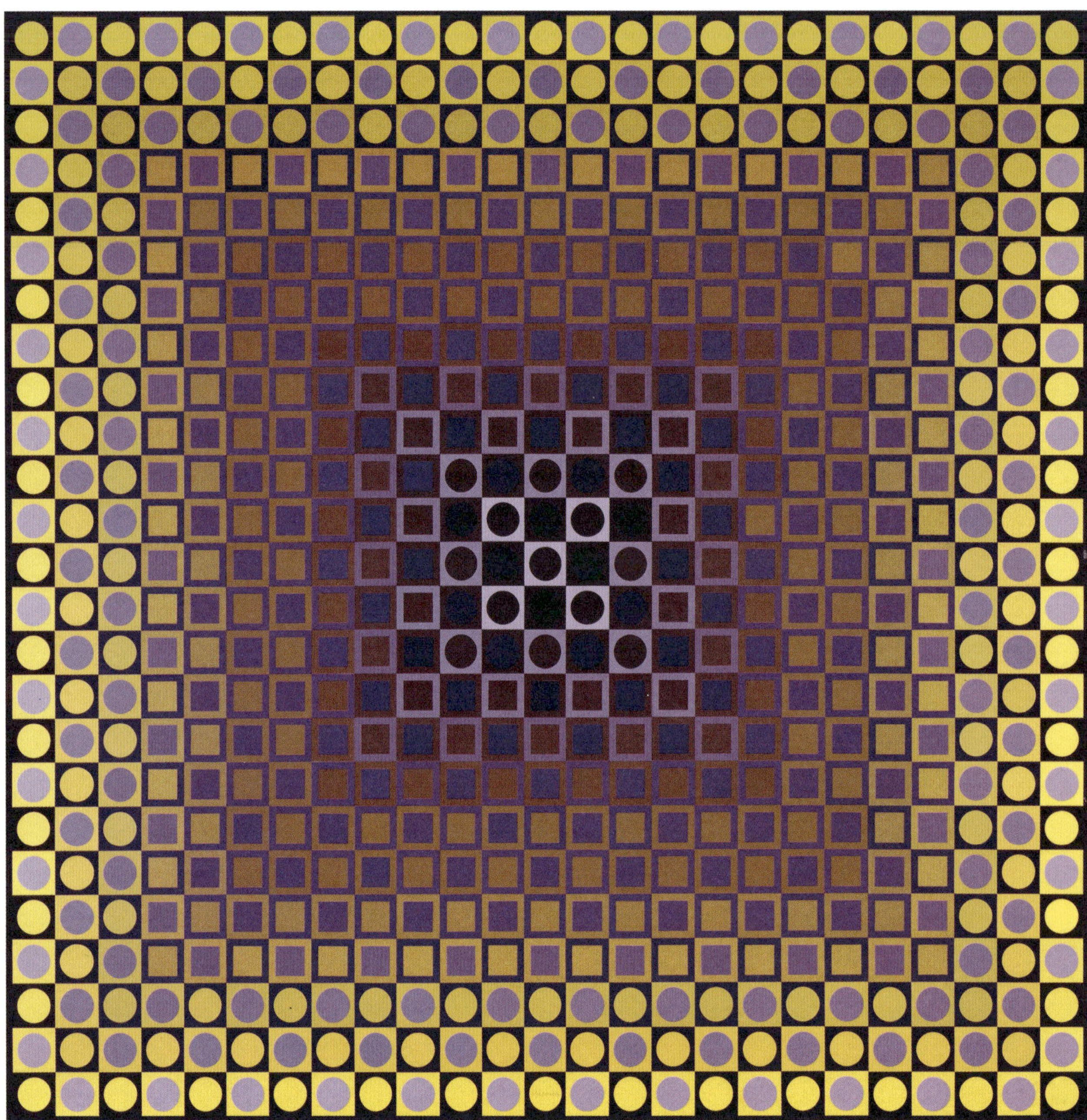

ALOM (TRAUM)

1966 **Collage auf Sperrholz**

VICTOR VASARELY

HILFE, MEINE AUGEN!

Meine Augen, meine armen Augen! Was machst du mit meinen Augen, Victor Vasarely? Die kommen angesichts deiner merkwürdigen, **beweglichen** Kunst völlig durcheinander!

Es mag merkwürdig aussehen, aber genau diesen Effekt hat Vasarely bezweckt. Versuch einmal, ein paar Minuten nur dieses Bild anzustarren. Lass deine **AUGEN DURCHS BILD WANDERN**, verändere den Fokus. Verschiebt und verändert sich alles? Gut, das ist der Sinn von **Op-Art**, als deren »Vater« oder »Großvater« Vasarely oft bezeichnet wird. Es geht um **optische Täuschungen**, die unsere Wahrnehmung verzerren.

War Vasarely nur ein gemeiner Kunst-Bösewicht, der allen schwindelige Kopfschmerzen bescheren wollte? Im Grunde war er auf einer Mission – er wollte Kunst und Farbe und verschiedene Sichtweisen der Welt in das Leben der Menschen bringen. Selbst wenn alle riefen: »Iiih, geh fort, ich habe gerade gegessen!«

ABSOLUTE EINHEITEN

Wenn du dich traust, das Bild noch einmal zu betrachten, kannst du erkennen, dass es aus vielen kleinen Quadraten besteht, in denen sich eine weitere, andersfarbige Form befindet. Vasarely nannte diese Quadrate »**plastische Einheiten**«. Sie waren die Bausteine seiner Kunst – ähnlich wie digitale Bilder heute aus winzigen Pixeln zusammengesetzt sind.

Er schuf diese krassen, pulsierenden 3D-Effekte, indem er die Farben und Formen dieser Einheiten änderte und sie unterschiedlich platzierte. Ziemlich clever. Das Ganze ist so technisch, dass manche Leute hochnäsig behaupteten, dies sei keine Kunst, sondern **Wissenschaft**.

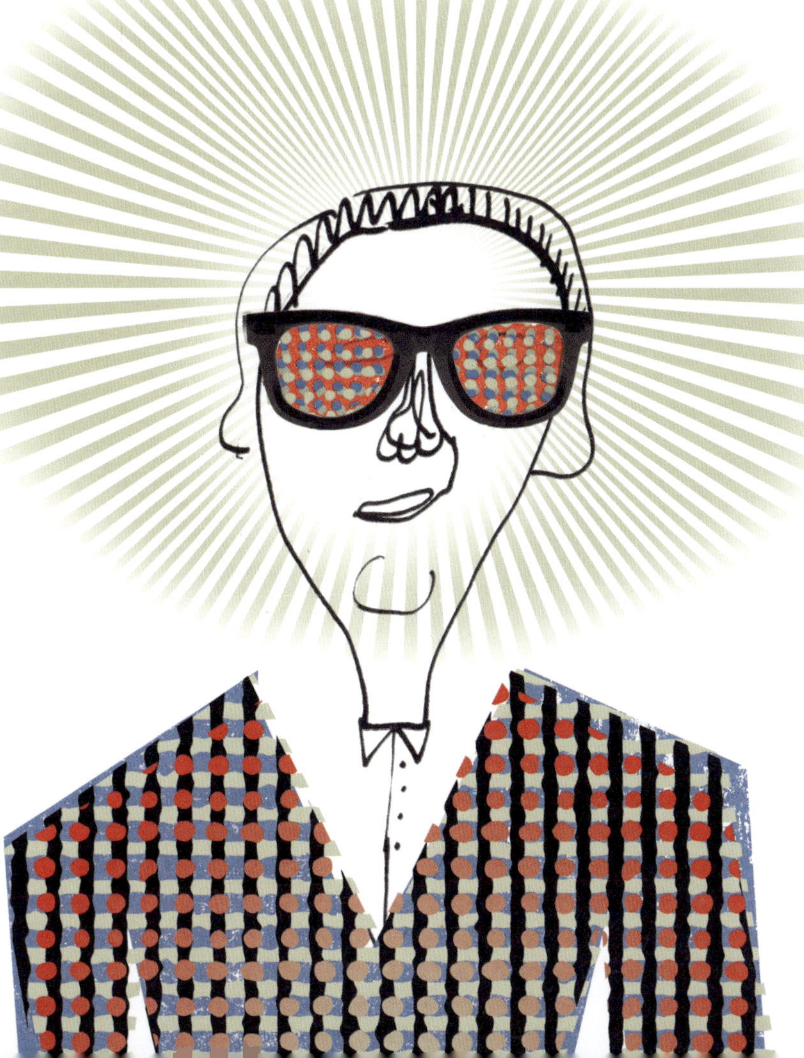

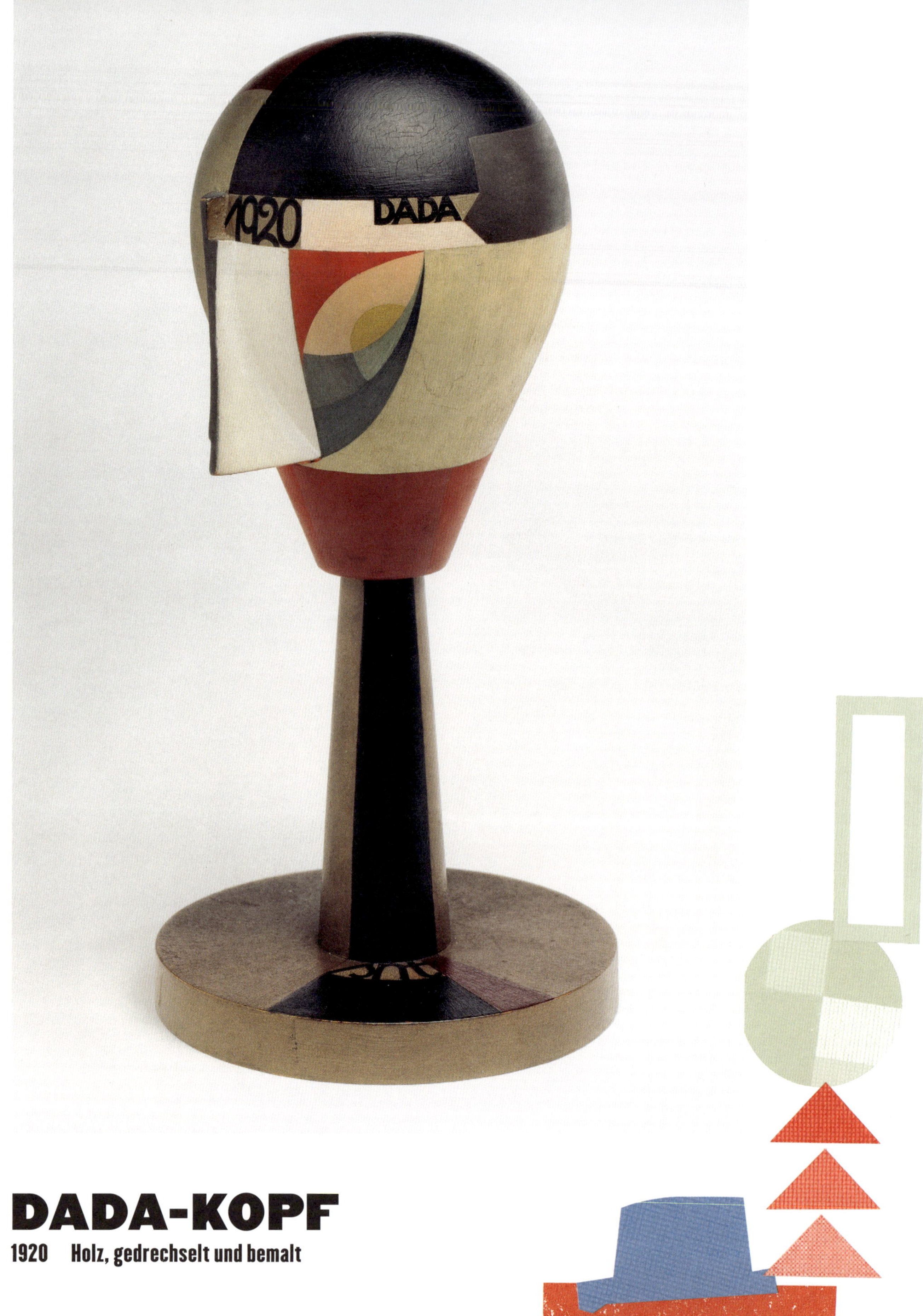

DADA-KOPF

1920 Holz, gedrechselt und bemalt

SOPHIE TAEUBER-ARP

HOLZKOPF

Auweia, sieht diese Skulptur nicht eher wie ein merkwürdiger, **missglückter** Kegel aus als wie ein menschlicher Kopf? Sophie Taeuber-Arp bestand darauf, ihn als »**Porträt**« zu bezeichnen – doch welcher komische Mensch mit langem Hals mag ihr als Modell gedient haben? Vielleicht ihr Vater? Hat sie deshalb »**Dada**« auf die Stirn der Skulptur geschrieben?

Natürlich nicht, wie dumm von mir – Dada war die Kunstbewegung, der Taeuber-Arp angehörte. Ihr ging es darum, **verspielt**, verrückt und **nicht sinnlich** zu sein. Die Dadaisten waren der Meinung, die traditionellen Ideen und Logiken hätten zur Katastrophe des Ersten Weltkriegs geführt. Die alten Methoden funktionierten nicht, »warum also nicht alles anders machen und dabei etwas Spaß haben?«, dachten sich die Dadaisten.

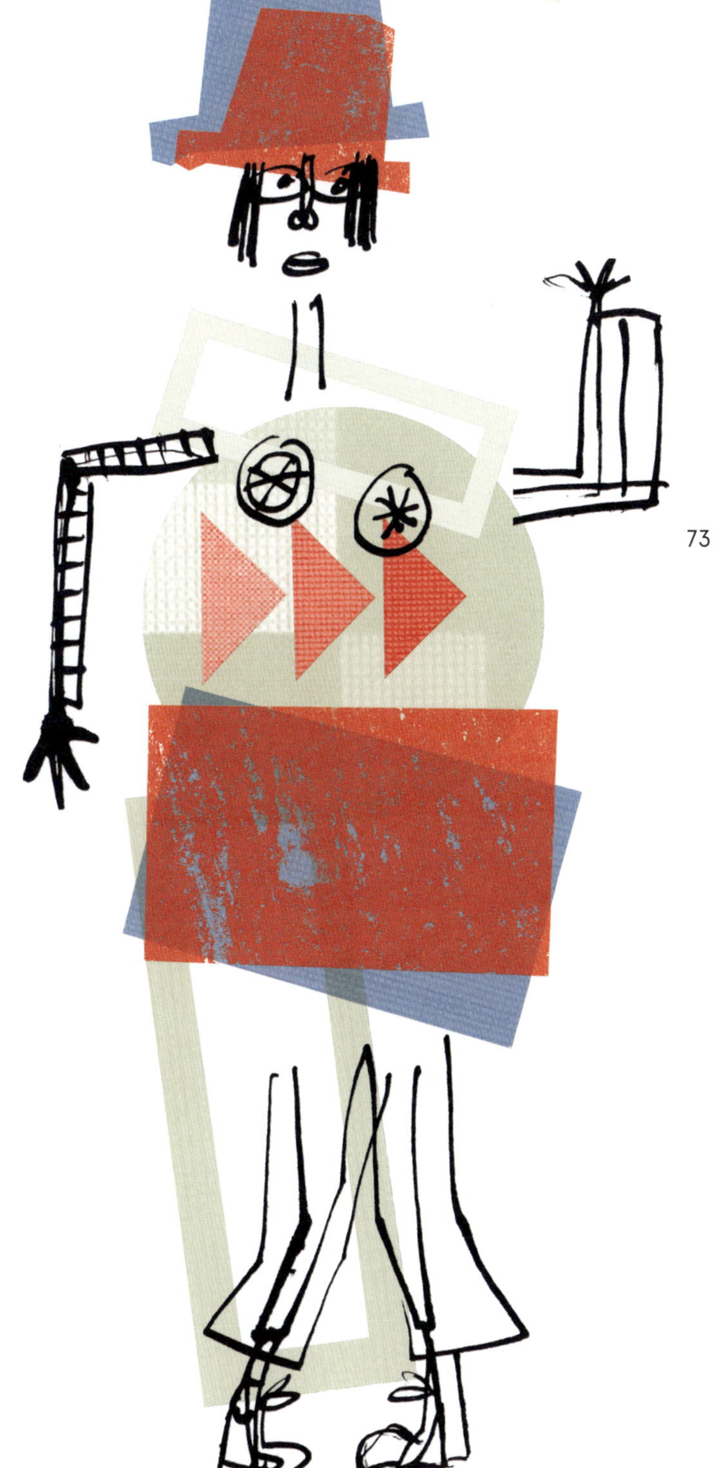

DO IT YOURSELF

Manche modernen Künstler waren nicht der Meinung, man müsse seine Werke selbst *schaffen* – nur die Idee zählte. Nicht aber Taeuber-Arp. Sie studierte jahrelang **Handwerk**, darunter Holzbearbeitung, Weben und Sticken, und stellte ihre Kunst von Grund auf selbst her. So konnte sie sich besonders gut ausdrücken - davon war sie überzeugt. In ihrer Gesellschaft kamen sich einige Künstler bestimmt richtig faul vor ...

KUNST-PARTY

In der Welt der Kunst treffen hin und wieder reichlich augenrollende, stolze Ich-Menschen aufeinander. »Ich bin die Stimme meiner Generation.« – »Nein, ich.« – »Ich glaube, ihr werdet noch feststellen, dass ich das größte Genie aller Zeiten bin.« Doch Taeuber-Arp arbeitete gern mit anderen Künstlern **zusammen,** und sie probierte oft neue Dinge aus und trat neuen Kunstbewegungen, -gruppen und -projekten bei. Sie war Mitbetreiberin des »Cabaret Voltaire«, eines legendären, super-künstlerischen Nachtclubs in der Schweiz, und dafür tat sie alles Mögliche: Sie **tanzte auf der Bühne,** entwarf Kostüme und arrangierte Puppenspiele. Seht ihr, liebe Künstler, man kann auch nett miteinander umgehen.

74

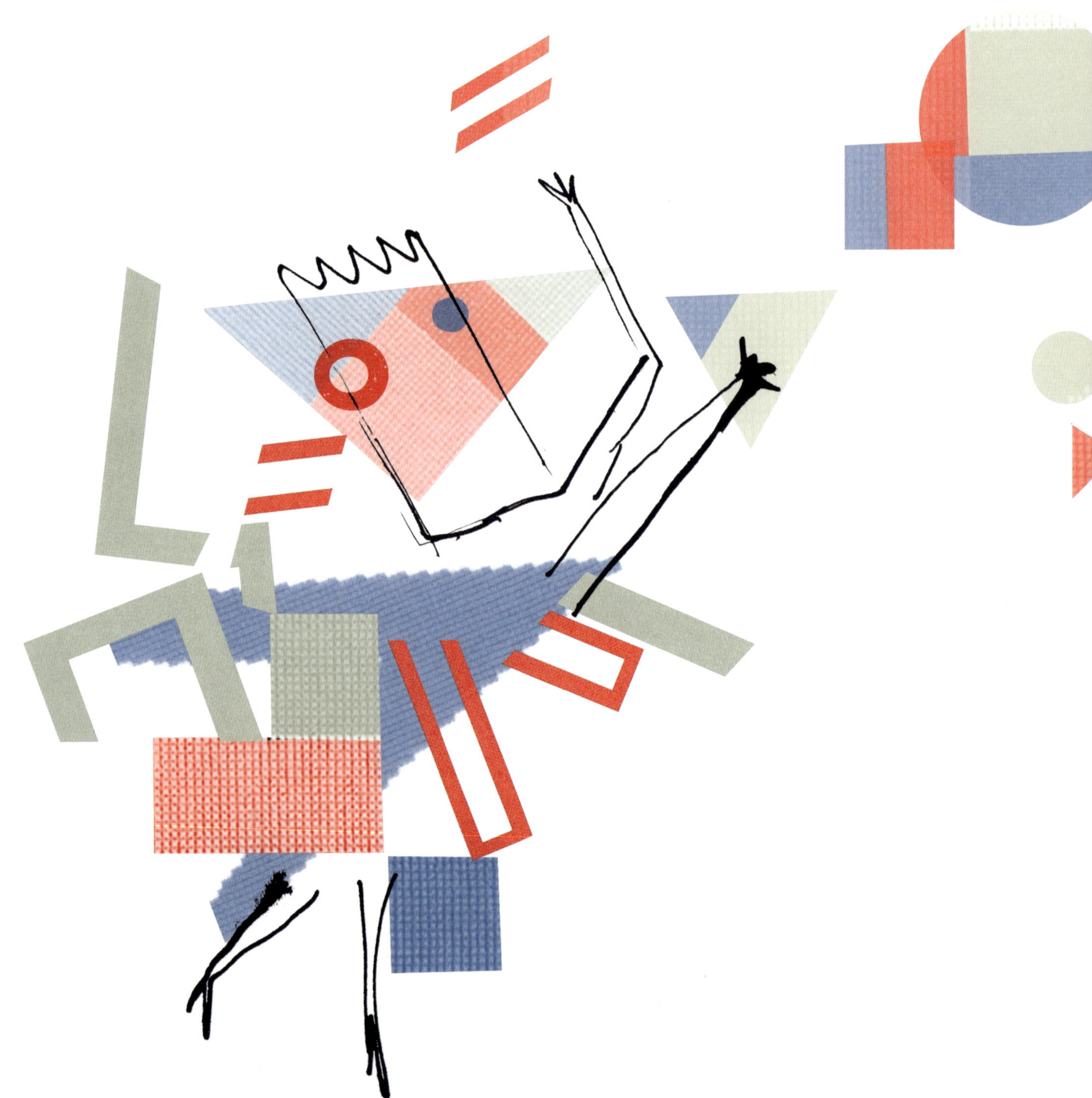

Als sie den *Dada-Kopf* schuf, nannte sich Taeuber-Arp noch Sophie Taeuber. Sie änderte ihren Namen erst 1922, als sie den Dada-Künstler Hans Arp heiratete (S. 76–77).

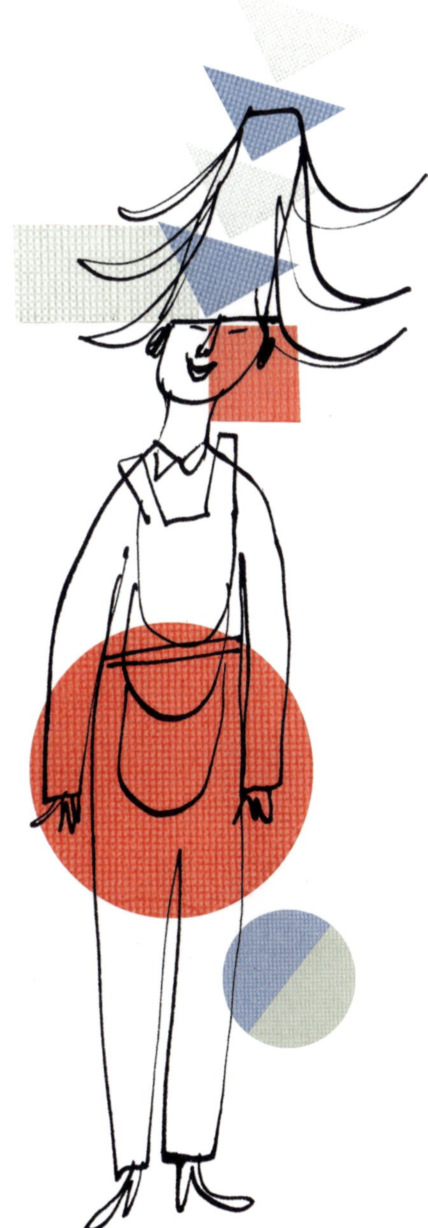

GRENZÜBERSCHREITUNG

Taeuber-Arp riss gern die **GRENZEN** zwischen den verschiedenen Kunstrichtungen ein. Sie besaß unterschiedliche künstlerische Fähigkeiten und setzte diese ganz nach Belieben ein.

Versnobte Vorstellungen, man müsse verschiedene Kunstrichtungen voneinander trennen, oder bestimmte Künste (wie die Bildhauerei) seien besser als andere (zum Beispiel die Teppichweberei), konnte sie nicht ausstehen. Vor allem, weil die verächtlich betrachteten Kunstrichtungen meist von **Frauen** ausgeführt wurden …

Indem sie die Holzskulptur bemalte, um den *Dada-Kopf* zu schaffen, ignorierte Taeuber-Arp bereits **die »Regeln«**. Doch sie gestaltete das Werk absichtlich so, dass es wie ein **Hutständer** wirkte, und fotografierte es auch, während sie es als solchen benutzte. Damit streckte sie quasi all jenen die Zunge heraus, die behaupteten, ein Hutständer könne niemals Kunst sein.

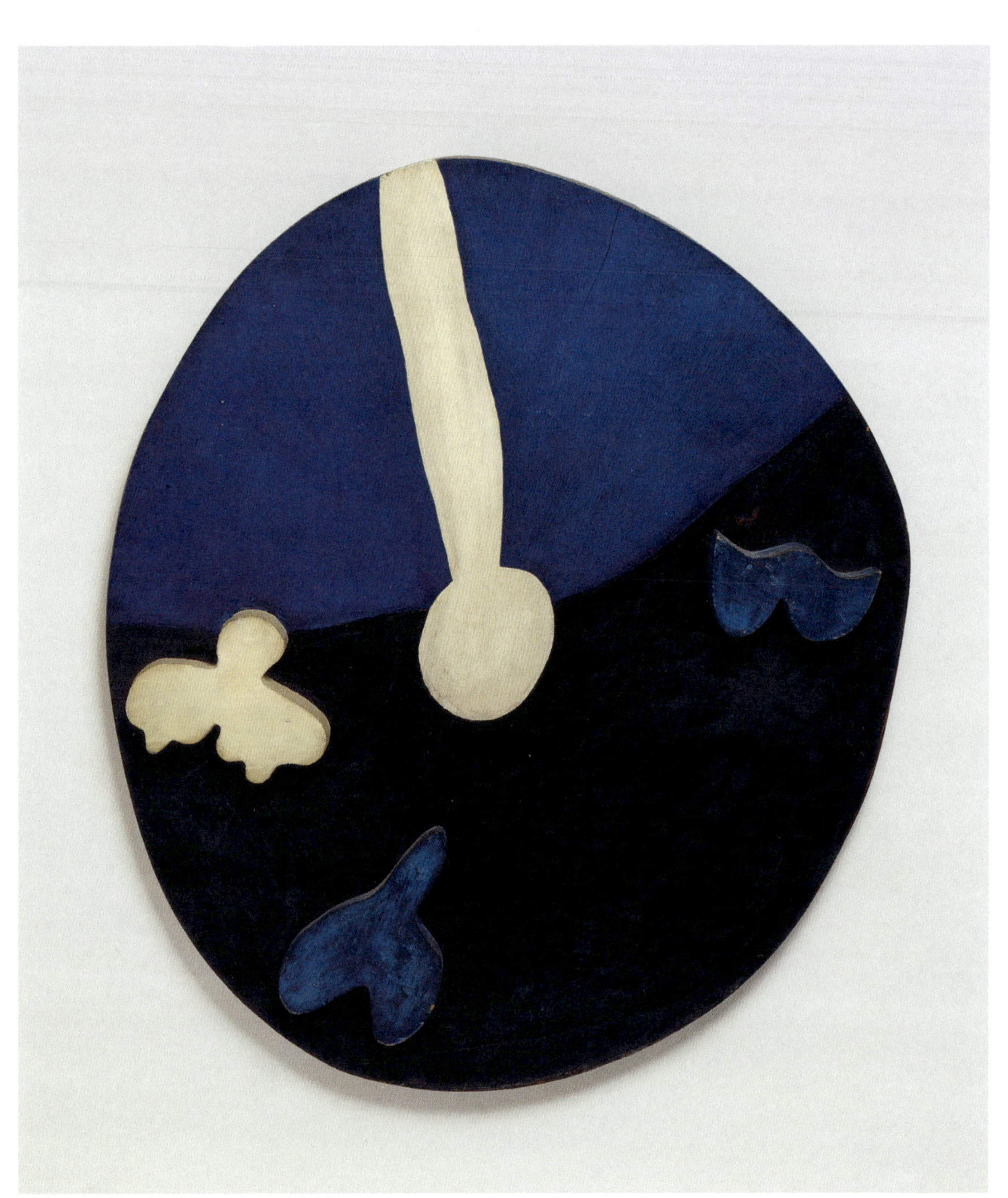

TURMUHR

1924 Bemaltes Holz

HANS ARP

Arp hatte eine französische Mutter und einen deutschen Vater, er wuchs im Elsass auf, einem Teil Frankreichs, der einst zu Deutschland gehörte. Meist nutzte er die französische Version seines Vornamens, Jean. Im deutschsprachigen Raum kennt man ihn jedoch als Hans. Einfach!

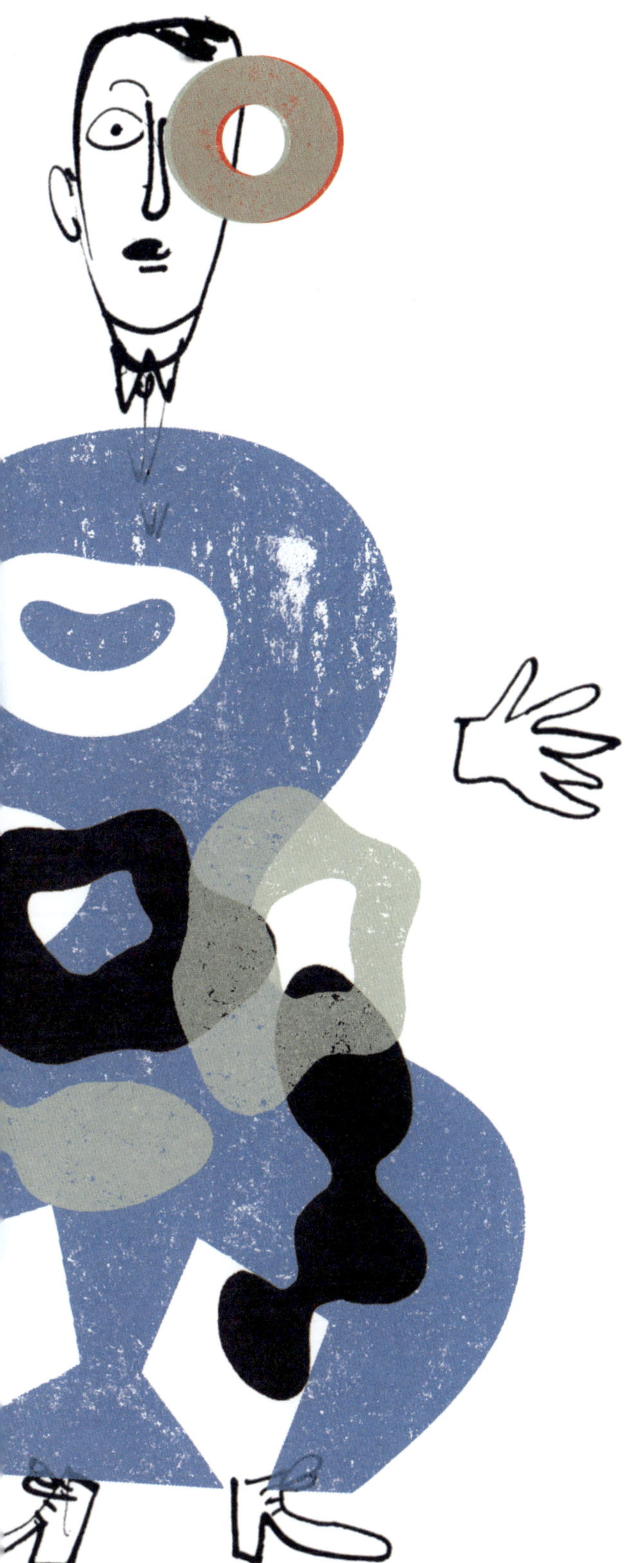

SPIELEREI

Welch eine nützliche Uhr, Hans Arp! Wie spät ist es nun also? Drei Blasen nach elf? Kein Wunder, dass Künstler immer spät dran sind …

Okay, Arps Uhr mag nicht besonders hilfreich sein, zumindest nicht, was die traditionelle **Zeitanzeige** angeht. Aber sie sieht lustiger aus als eine normale Uhr. Arp gestaltete seine Kunst am liebsten wackelig, unregelmäßig und natürlich. Auf keinen Fall also gerade Linien im gleichmäßigen Abstand, um die endlose, freie **Zeit** anzuzeigen, und uns zu sagen, was wir wann zu **tun** haben.

Wie wäre es, wenn wir alle nach Arps Uhr leben und immer **selbst entscheiden** würden, was Zeit für uns bedeutet? Worauf würde der einzelne Zeiger hinweisen? Was würden die aufgeklebten Formen bedeuten? Wofür stünden die beiden Hintergrundfarben? Verabredungen mit Freunden würden zum Albtraum. Vielleicht das Konzept noch einmal überdenken?

POWER-PAAR

Heutzutage befeuern berühmte Paare gegenseitig ihre Karrieren in Reality-Shows. Das ist jedoch nichts im Vergleich zu Hans Arp und seiner Frau Sophie Taeuber-Arp (S. 72-75). Sie **inspirierten** sich gegenseitig und schufen gemeinsam Kunst. Zuweilen kamen sich ihre Stile so nahe, dass man kaum noch unterscheiden konnte, was von wem stammt. Als Mann hatte Hans Arp natürlich **mehr Möglichkeiten** und bekam mehr **Lob** (grrr), doch dieses Privileg nutzte er, um beim Publikum Respekt für Taeuber-Arps Werke einzufordern.

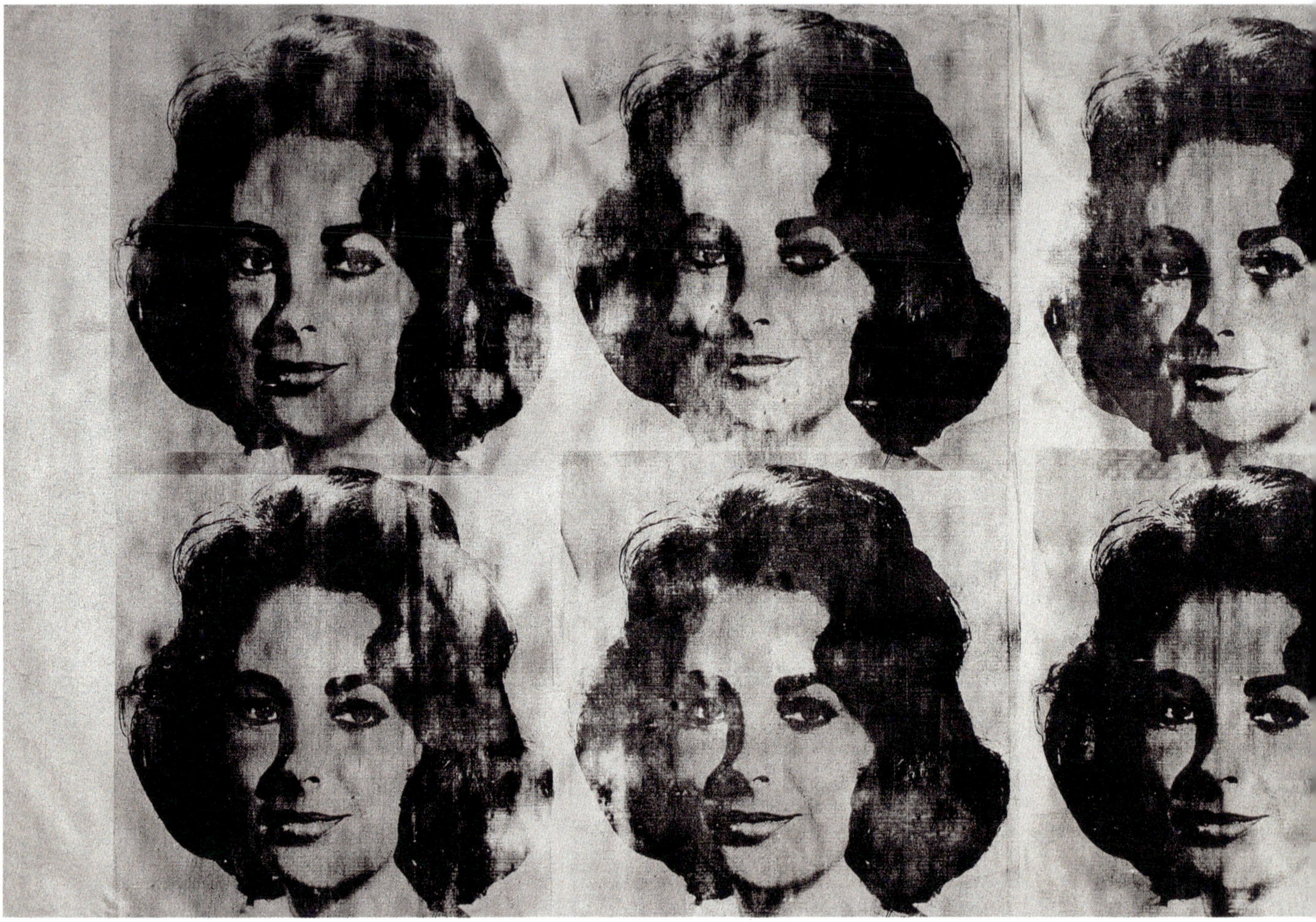

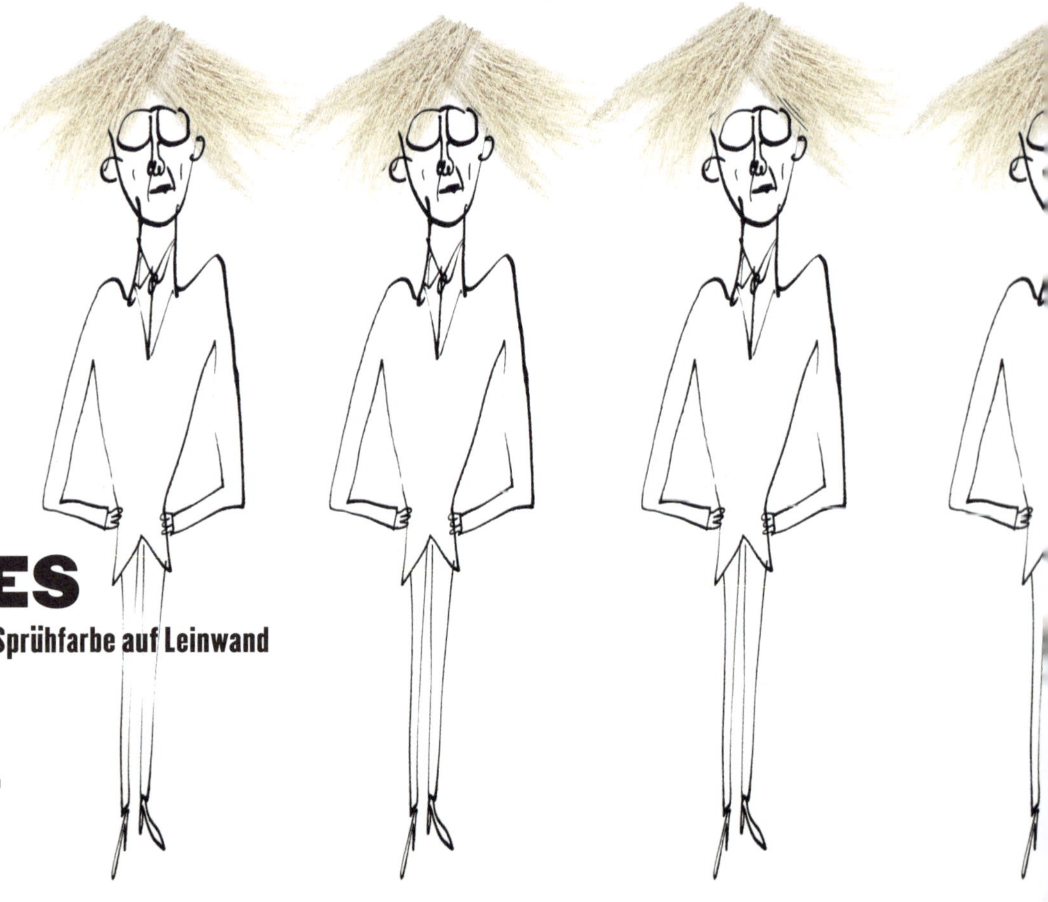

TEN LIZES

1963 Seidenmalfarbe und Sprühfarbe auf Leinwand

ANDY WARHOL

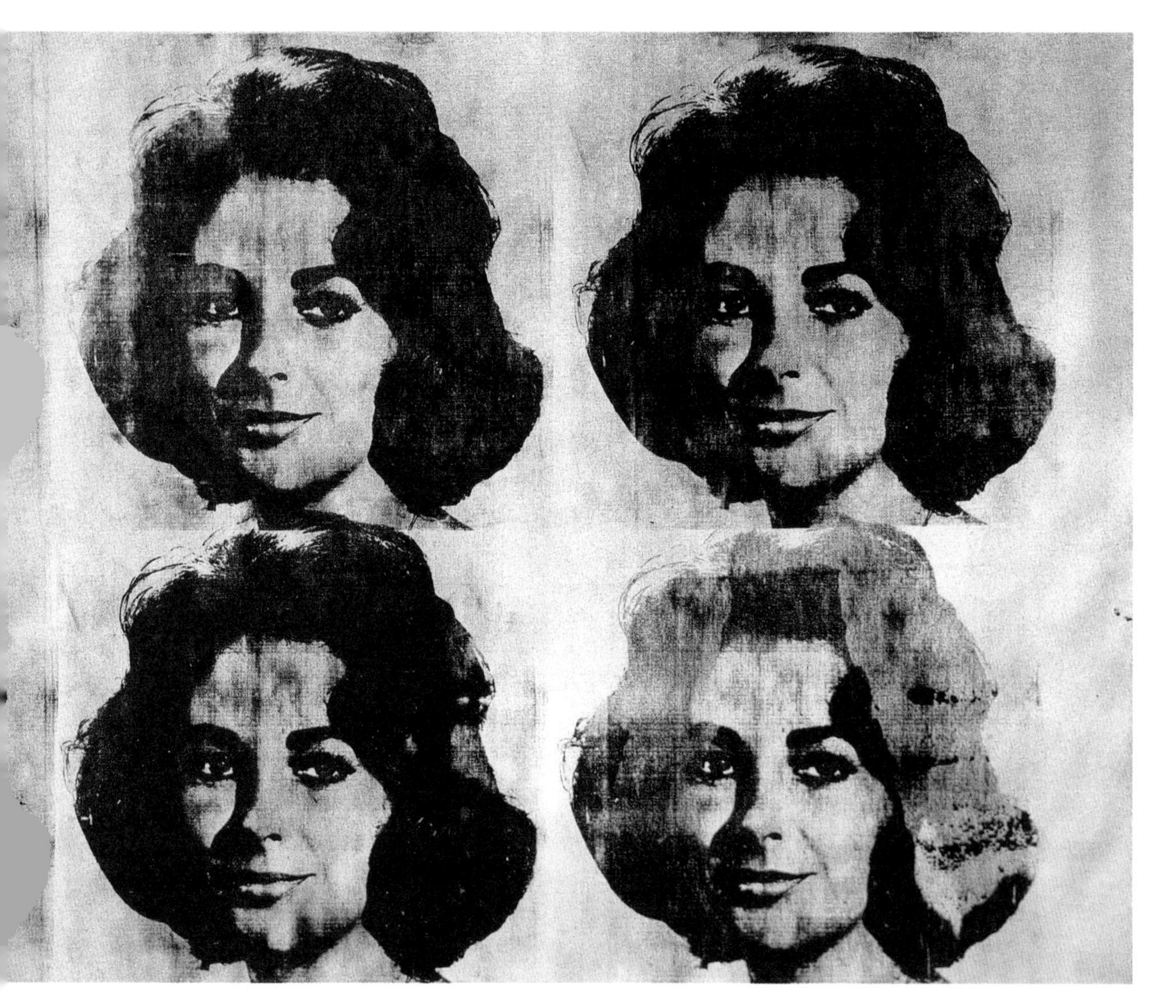

ENDLOSSCHLEIFE

Es ist schon etwas gruselig, wenn man von zwanzig Augen gleichzeitig angestarrt wird. Stell dir vor, wie sich Promis fühlen müssen, wenn sie und ihre Fotos von Millionen Menschen betrachtet werden …

Warhol war fasziniert, wie die Menschen auf die **endlosen Bilder** reagierten, mit denen die Medien und die Werbeindustrie die Welt fluteten – **Promis** zum Anbeten, **Produkte** zum Kaufen und **Nachrichten,** um die man sich (ein oder zwei Tage lang) Sorgen macht. Warhol meinte, wenn man dasselbe Bild **immer und immer wieder** sähe, würden wir anders aussehen – je vertrauter es wird, desto weniger real wirkt es scheinbar. Was meinst du?

Wer also ist nun diese »Liz« und warum sehen wir zehn von ihr? Ihr voller Name ist Elizabeth Taylor. Sie war eine sehr, sehr berühmte Hollywood-Schauspielerin, vor allem berühmt für ihre Filme aus den 1950ern und 1960ern.

POP TRIFFT STAFFELEI

Die Kunst, die Andy Warhol schuf, nannte man **Pop Art**. Statt sich naserümpfend von der **neuen, lauten, schillernden, billigen Welt** der Massenproduktion und Popkultur abzuwenden, sagte sie: »Oh, hallo! Du siehst lustig aus, auch etwas merkwürdig, worum geht's bei dir?«

Pop Art versuchte zu verstehen, warum die moderne Welt des Kaufen-Kaufen-Kaufen, größer-größer-größer und schneller-schneller-schneller **veränderte,** wie die Menschen über sich selbst und die Welt um sich herum dachten. Das ist viel interessanter, als sich zu beschweren: »Ach, wie **schrecklich** das alles ist! Ich male mal lieber eine Blumenwiese.«

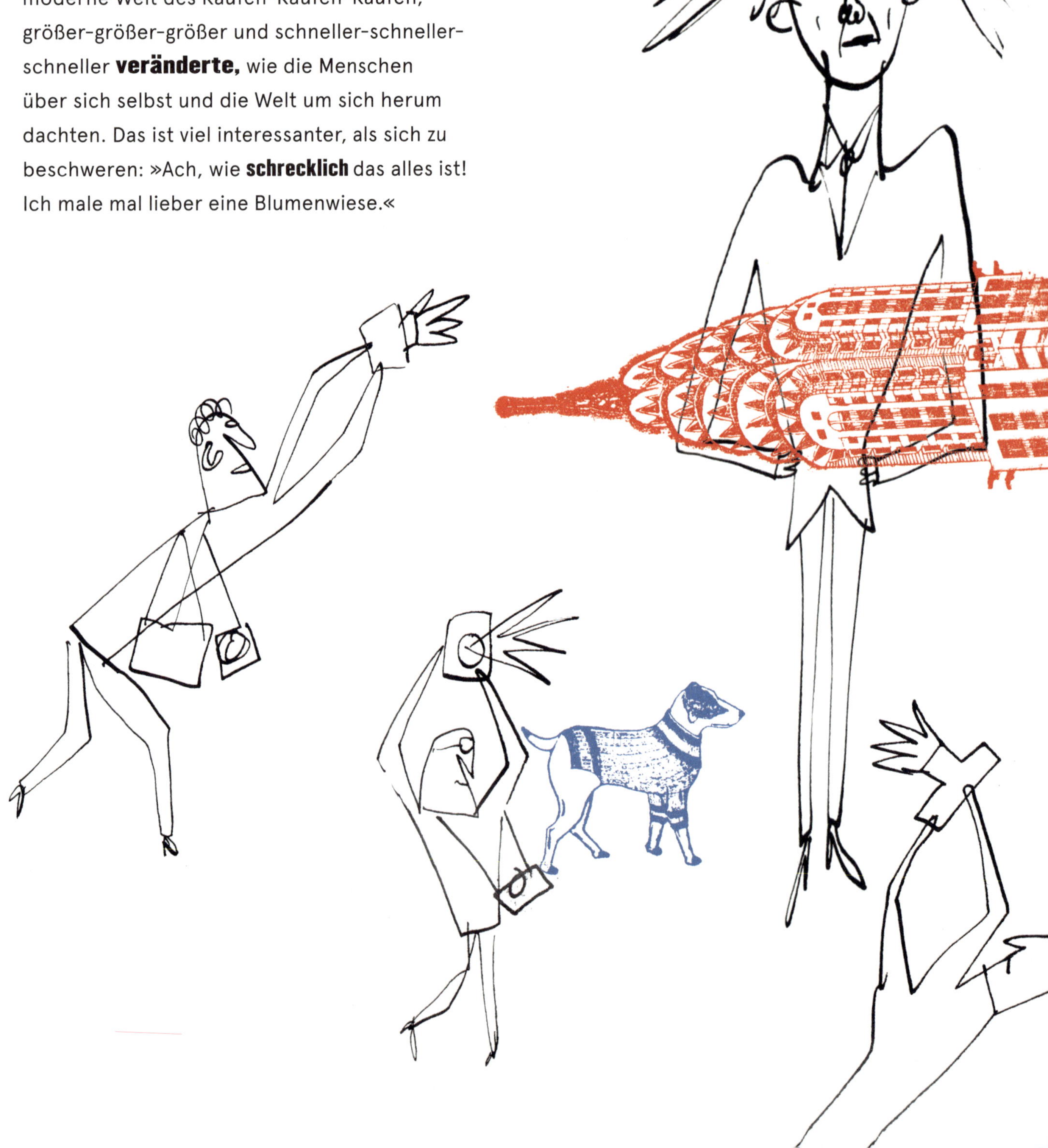

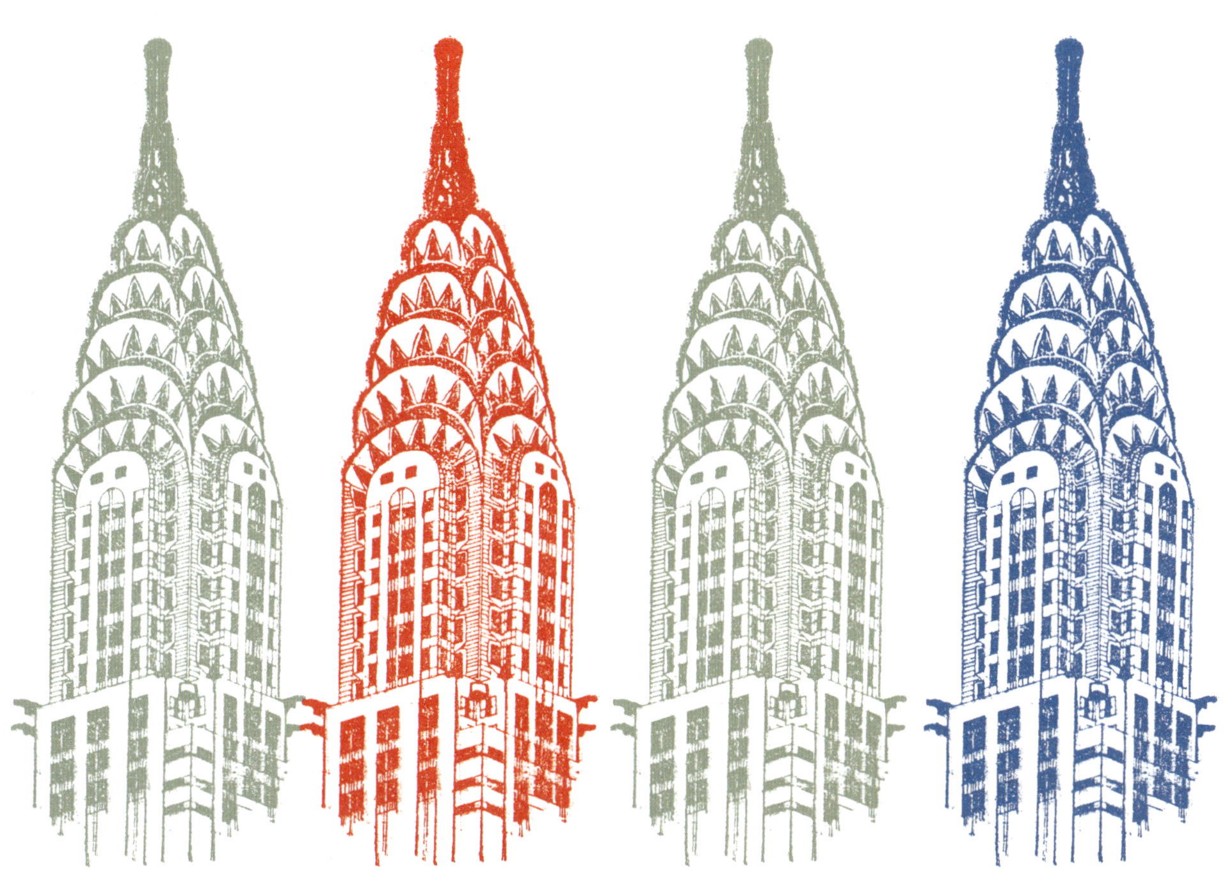

Warhol war zu seiner Zeit der König der coolen Kids, sein Studio – The Factory – war der ultimative Treffpunkt. Rockstars, Künstler, Drag-Queens, Dichter – alle möglichen Kreativen kamen zu dieser ARTY PARTY mit Warhol.

ABSOLUT LEGENDÄR

Das soll keine Beleidigung sein, Liz, aber du wirkst hier etwas **verschmiert** und **geisterhaft**. Oh, yeah, sicher – das war mit Absicht.

Warhol interessierte es, wie Promis in den Augen der Menschen zu **Legenden** werden – **immer gleich jung und schön**, auch wenn sie sich in Wirklichkeit veränderten und älter wurden. Keine »Liz« in *Ten Lizes* ist jedoch eine perfekte Kopie. Vielleicht wollte Warhol andeuten, dass man nie den gesamten Menschen darstellen kann? Oder dass dem Menschen etwas verloren geht, wenn er zur Legende wird?

Warhol schuf gern sogenannte **Siebdrucke,** bei denen er seine Werke mechanisch immer wieder kopierte. Damit reduzierte er das Bild auf seine wesentlichen Umrisse, sodass nur die Haupteigenschaften herausstachen, kleine, feine Details jedoch verloren gingen.

Passiert nicht genau das, wenn wir etwas Reales zur Legende machen? Denk mal an Emojis oder die Piktogramme an Toilettentüren: Es ist ebenso schräg, uns selbst mit diesen **Hochglanz-**Promifotos zu vergleichen wie mit den weniger glamourösen Piktogrammen ...

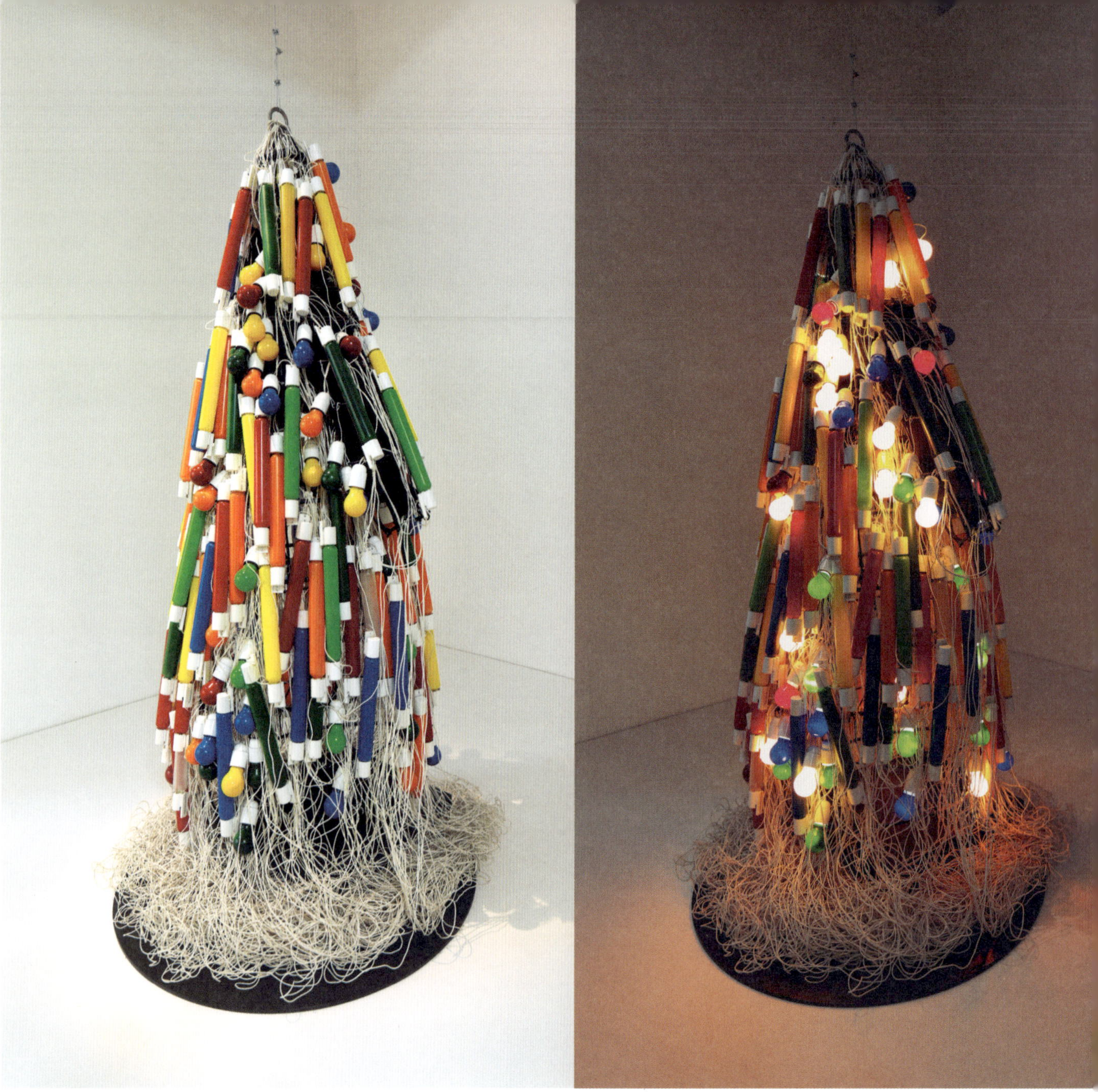

DENKIFUKU (ELEKTRISCHES KLEID)

1956/1999 Farbe auf Glühlampen, Neonröhren und Kabeln

ATSUKO TANAKA

GLÄNZEND GEKLEIDET

Es mag wirken wie die Eingeweide eines Cyborgs oder ein Hipster-Weihnachtsbaum aus Elektroschrott, tatsächlich handelt es sich jedoch um ein **Kleid** – auch wenn es der größte Modenarr wohl nie anprobieren würde. Zum einen stehen die Kabel **unter Strom** – als Tanaka ihre Kreation zum ersten Mal anzog, fürchtete sie sich vor **Stromschlägen**. Und durch all die leuchtenden Lampen und Röhren wird es **heiß**.

Außerdem ist es **echt SCHWER**. Siehst du das Kabel, das zur Decke führt? Es hielt das Kleid, als Tanaka es anprobierte, denn es war zu schwer, als dass sie es hätte selbst tragen können – ganz zu schweigen davon, sich darin zu bewegen.

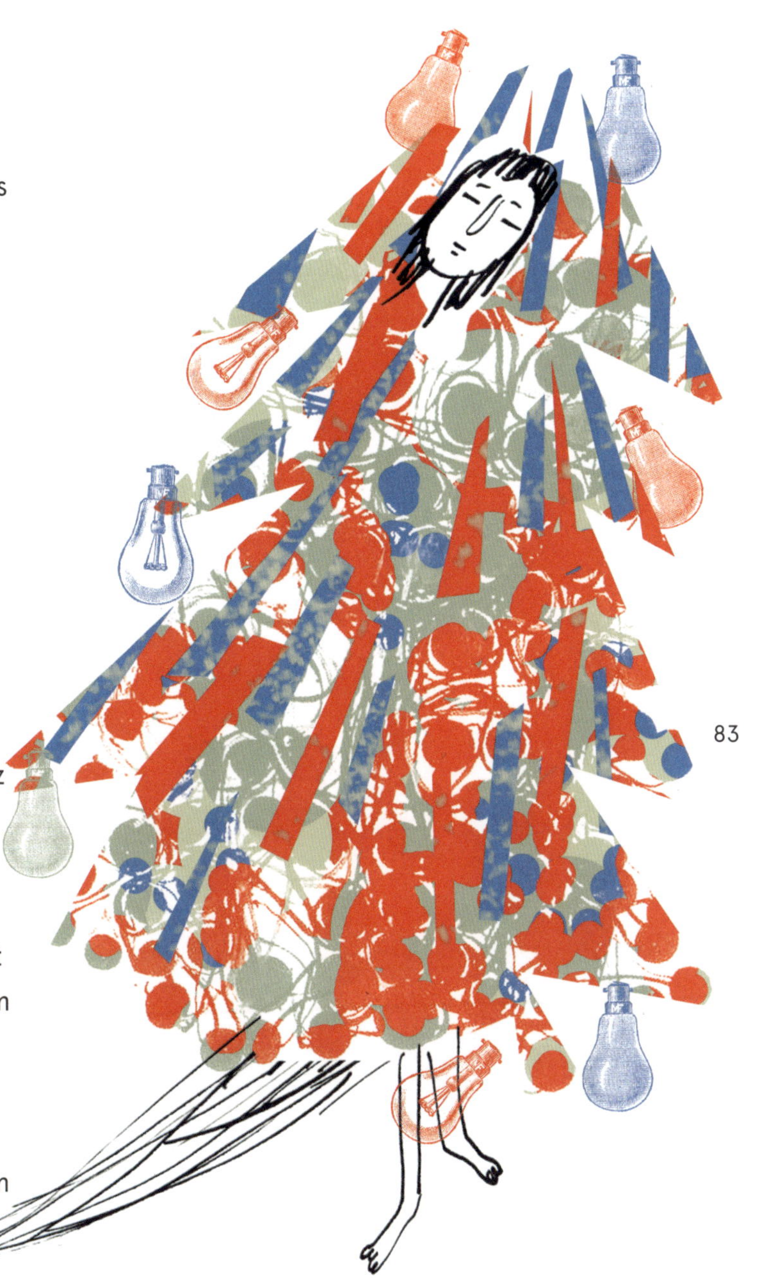

Als Tanaka dieses Kleid fertigte, im Japan der 1950er-Jahre, mussten sich viele Menschen erst an die supermodernen Städte gewöhnen, die um sie herum entstanden. Vermutlich hat sich das angefühlt wie in dem Kleid – all die blitzenden Lichter, die grellen Farben und die pulsierende Energie waren recht aufregend. Es konnte einem aber auch schnell **zu viel** werden.

BESSER = HELLER?

Dieses Kleid ist wie eine moderne **Rüstung**. Es lässt die Person darin größer, heller und eindrucksvoller erscheinen. Doch innendrin fühlt man sich noch genauso menschlich wie immer – klein, **fragil** und unter großen Anstrengungen bemüht, das Gewicht seines hellen, **leuchtenden Bildes** aufrechtzuerhalten. Wie bei den Online-Versionen, die Menschen von sich heutzutage erschaffen. Könnten unsere perfekten, glänzenden Profile eine Garderobe von Elektrokleidern des 21. Jahrhunderts sein?

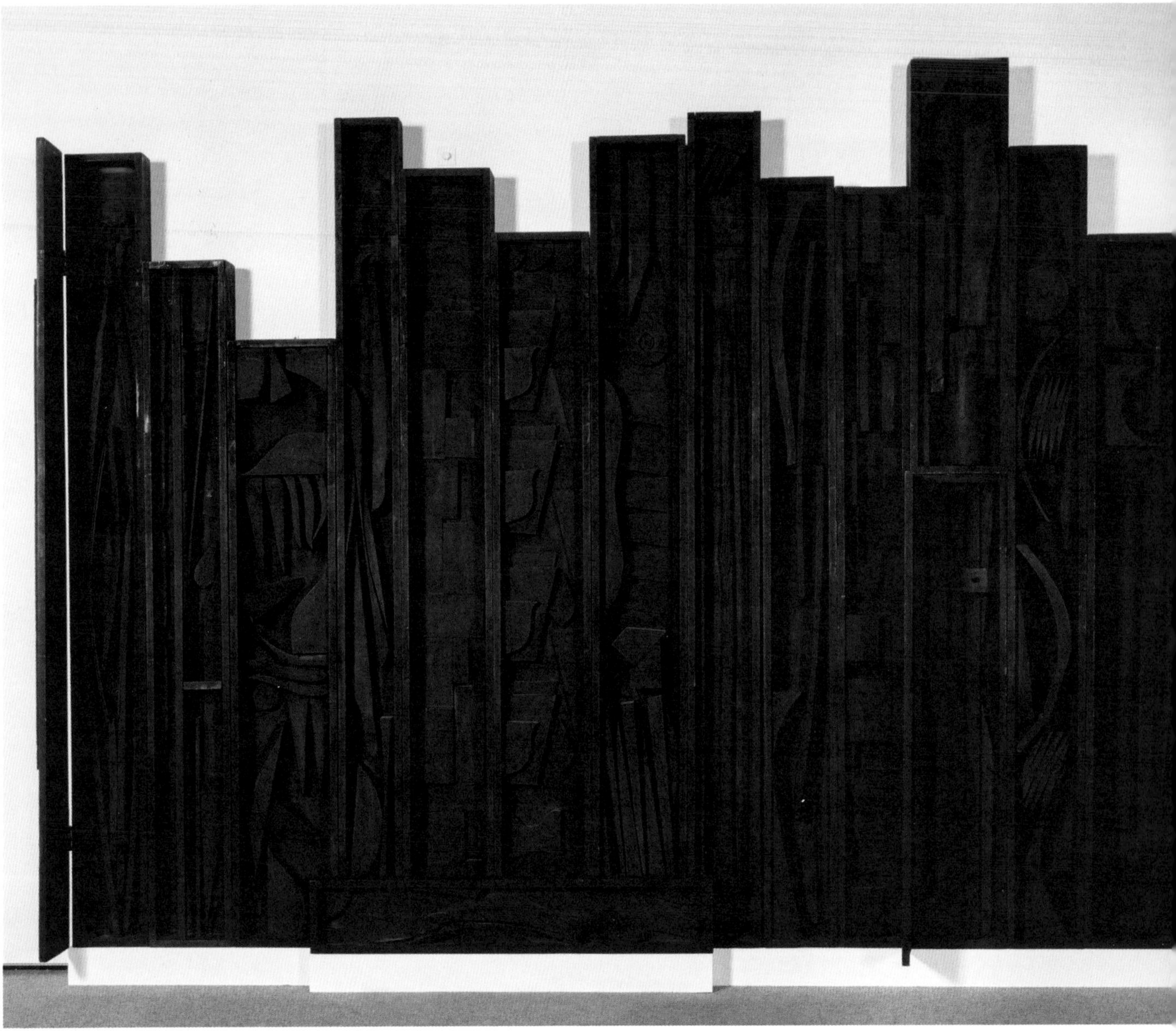

TROPICAL GARDEN II

1957 **Tropischer Garten II: Fundobjekte aus Holz, mit schwarzer Farbe besprüht**

LOUISE NEVELSON

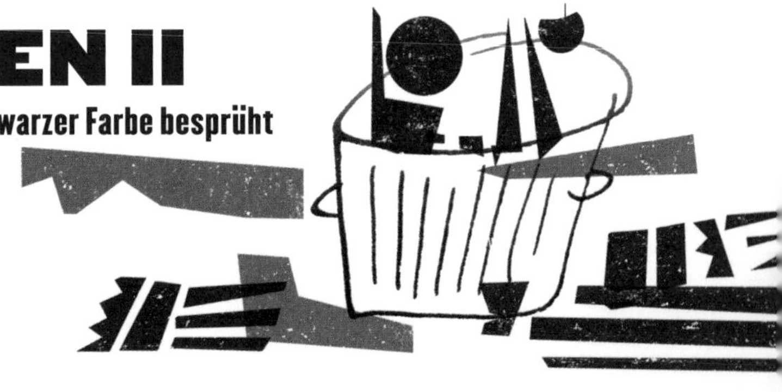

GROSSE MÜLLMAUER

Das Wichtigste zuerst. Dieses Werk ist schwarz, korrekt? Es besteht aus geschnitztem Holz und es ist 3D, also ist es eine Skulptur? **Falsch, falsch und noch mal falsch**. Ich erklär's gleich ...

Also, **technisch** stimmt es fast. Nur ist es nicht geschnitzt, sondern es handelt sich um Holzabfall, den Nevelson von der Straße **sammelte,** zusammenklebte und schwarz ansprühte. Man könnte es sogar als **Müllkunst** bezeichnen (vielleicht nicht der Künstlerin gegenüber, sie könnte sonst mit einem Stuhlbein werfen ...).

Doch Nevelson meinte, sie hätte völlig **versagt,** wenn die Menschen darin nur eine schwarze Holzskulptur sähen. Sie wollte, dass sie den **Geist** ihrer Kunst erkennen, die Ideen und Gefühle, die sie durch ihre Kunst vermitteln wollte. Nur über die Farbe und das Material eines Werks zu sprechen, war für sie so, als würde sie eine Geschichte vorlesen und sagen: »Hm, ja, nette schwarze Druckfarbe. Schönes Papier auch.«

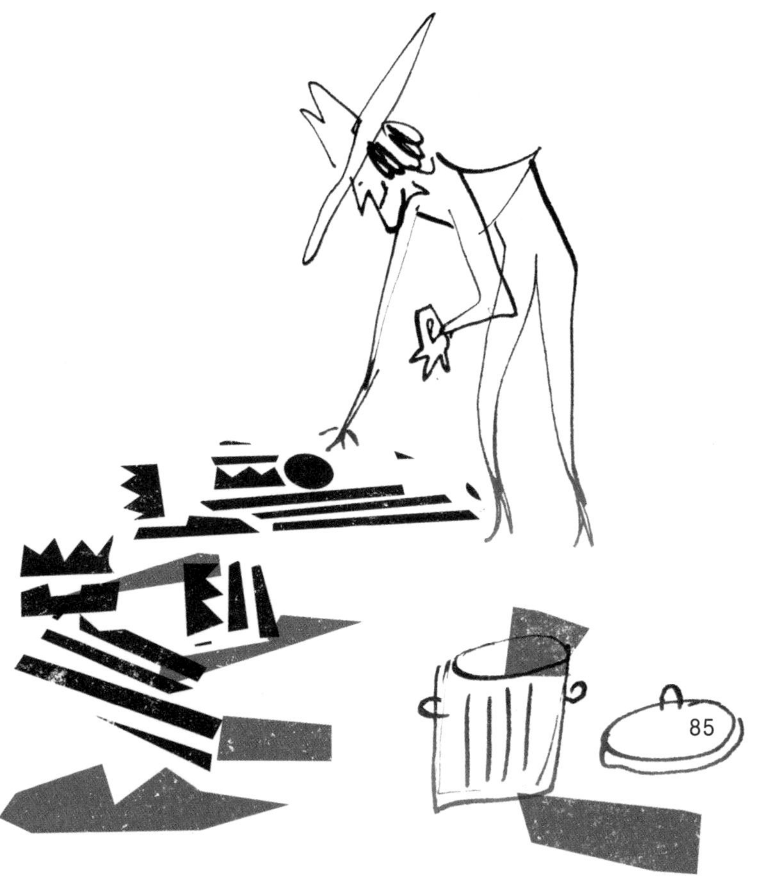

TROPISCHER GEIST

Aber, **wie** soll man sich jetzt einen **tropischen Garten** vorstellen, Louise Nevelson? Wo sind die Blumen? Die Ranken? Die Schmetterlinge?

Okay, gut, ich versuche, den tropischen **Geist** zu erkennen. Alles ist vollgestopft mit verschiedenen Holzabfällen, wie in einem tropischen Garten alle **Formen** und **Größen** von Pflanzen wuchern. Und es geht wohl auch nicht darum, wie die Einzelteile aussehen, sondern wie die Gesamtheit wirkt, richtig?

Deshalb also nannte sie diese großen künstlerischen Wände auch »**Landschaften**«! Jede von ihnen ist wie eine einfarbige Welt, in der alter **Müll** als etwas Neues **wiedergeboren** wird.

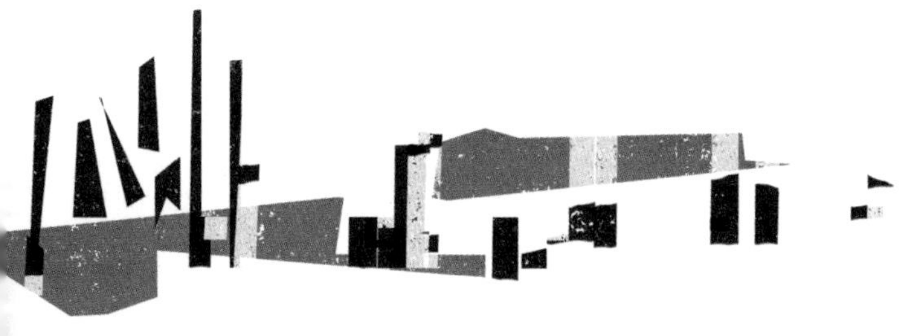

HISTORISCHES

Die Geschichte der modernen Kunst spiegelt die Veränderungen in der Gesellschaft zu Beginn des 20. Jahrhunderts bis in die 1960er-Jahre wider. Paris war eine unglaublich aufregende Stadt, junge Künstler aus ganz Europa zogen nach Paris und arbeiteten dort. Der Zweite Weltkrieg veranlasste viele Künstler, in die USA, nach Großbritannien oder noch weiter weg auszuwandern – ihre Ideen reisten mit ihnen, und die moderne Kunst wurde eine internationale Bewegung.

Hier findest du eine kurze Übersicht über die verschiedenen Kunstrichtungen und das, was sich zu jener Zeit in der Gesellschaft ereignete.

1878 – Die elektrische Straßenbeleuchtung wird zum ersten Mal in Paris eingeschaltet. Das Licht ist sehr hell und inspiriert Künstler wie Robert und Sonia Delaunay zu ihren glanzvollen Effekten.

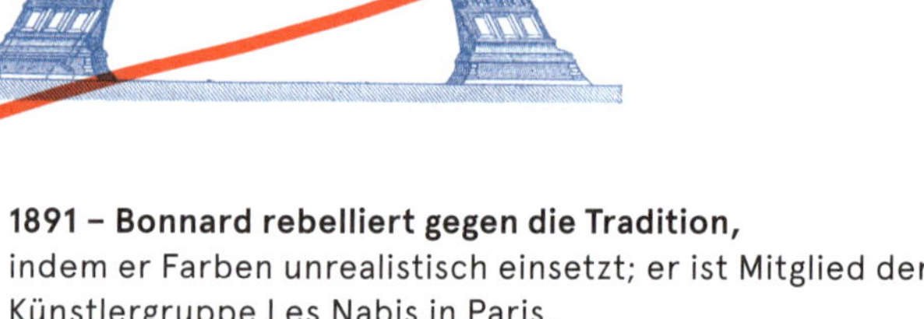

1889 – Der Eiffelturm wird aus Stahl gebaut.
Er ist extrem leicht und hoch, verglichen mit schweren Gebäuden aus Ziegeln.

1891 – Bonnard rebelliert gegen die Tradition,
indem er Farben unrealistisch einsetzt; er ist Mitglied der Künstlergruppe Les Nabis in Paris.

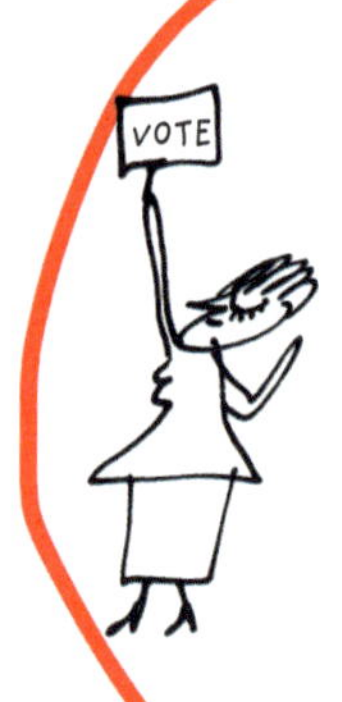

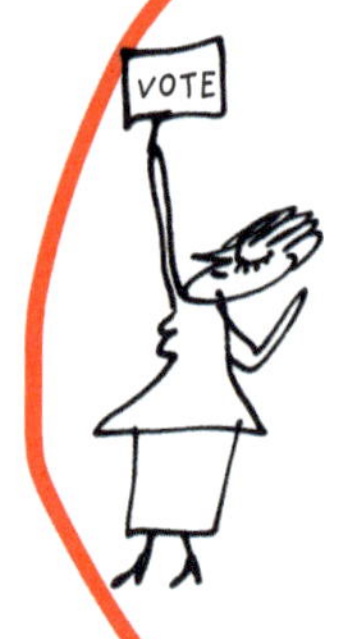

1893 – Frauen bekommen in Neuseeland das Wahlrecht.
In anderen Ländern wird das Frauenwahlrecht später durchgesetzt: Russland (1917), Großbritannien, Deutschland und Österreich (1918) und Niederlande (1919), USA (1920), Spanien (1931) und Frankreich (1944).

1896 – Kandinsky hat beim Musikhören in Moskau, Russland, eines Tages **Visionen von Formen und Farben**. Er beschließt, Künstler zu werden.

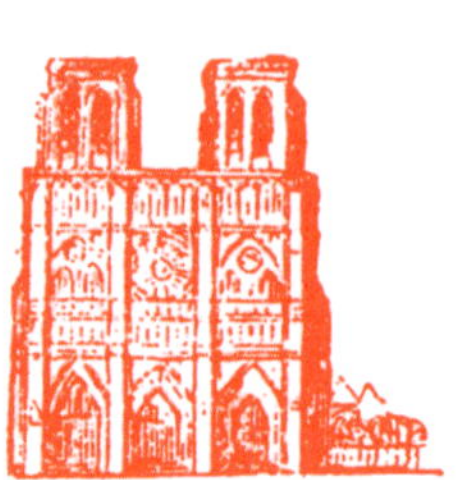

1900 – Picasso besucht zum ersten Mal Paris
und zeigt ein Gemälde bei der Weltausstellung, auf der es Neuheiten aus verschiedensten Ländern der Welt zu sehen gibt.

1904 – Brâncuşi wandert 2.300 km von seiner Heimatstadt Bukarest, Rumänien, nach Paris, um vom französischen Bildhauer Auguste Rodin zu lernen.

1907/08 – Kubismus
Pablo Picasso und Georges Braque erfinden einen neuen Malstil, den Kubismus, der verschiedene Blickwinkel im selben Bild vereint.

1909 – Die Künstlergruppe Der Blaue Reiter
wird in Deutschland von Wassily Kandinsky und Franz Marc gegründet. Sie setzen Kunst um, die abstrakt ist, also nicht wie ein bekannter Gegenstand aussieht.

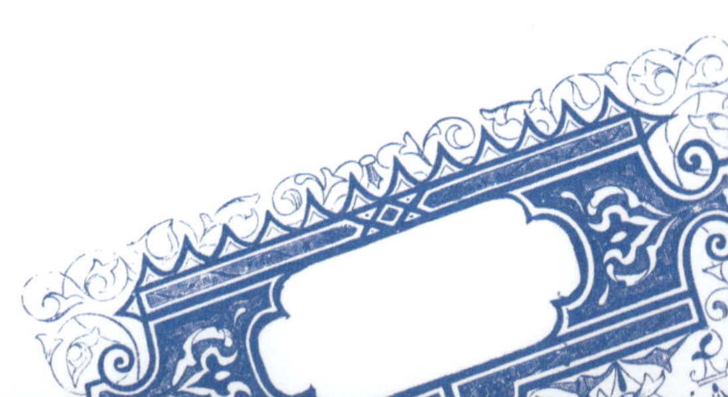

1910 – Chagall schließt die Kunstschule in Russland ab und zieht nach Paris. Er lässt sich von den Werken von Matisse und den Impressionisten inspirieren und freundet sich mit Robert und Sonia Delaunay an.

ca. 1910 – Simultanismus
Robert und Sonia Delaunay erfinden diesen Begriff, um zu beschreiben, wie sie in ihren Werken Farben einander gegenüberstellen.

1911 – Mondrian beginnt, abstrakte Kunst zu schaffen, nachdem er in seiner Heimatstadt Amsterdam, Niederlande, eine Ausstellung mit kubistischen Werken von Braque und Picasso besucht hat.

1911 – Hans Arp tritt seiner ersten Kunstbewegung bei, dem Modernen Bund in der Schweiz. Später wird er mit Dada, De Stijl, den Surrealisten und Abstraction-Création in Verbindung gebracht.

1912 – Gontscharowas Gemälde wird auf einer Ausstellung in Moskau beschlagnahmt. Ihre moderne Darstellung der Apostel aus der Bibel betrachten die Zensoren als **Lästerung Gottes**.

1913 – Duchamp stellt in Paris sein erstes »Readymade« her, indem er zwei Alltagsobjekte zusammenklebt und das als Kunst bezeichnet.

1914–18 – Erster Weltkrieg
Grabenkämpfe, moderne Waffen und neue Kommunikations- und Transportsysteme machen diesen Krieg besonders brutal und zerstörerisch. Mehr als 8 Millionen Soldaten sterben im Kampf.

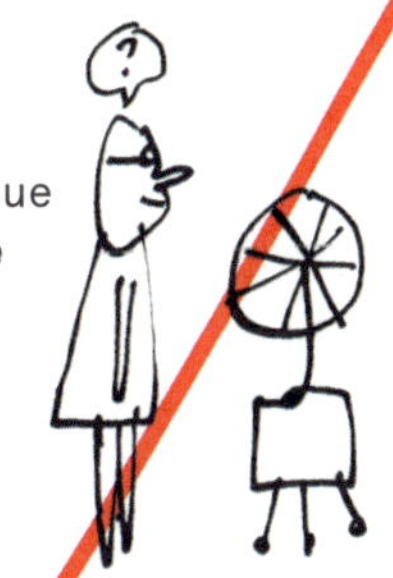

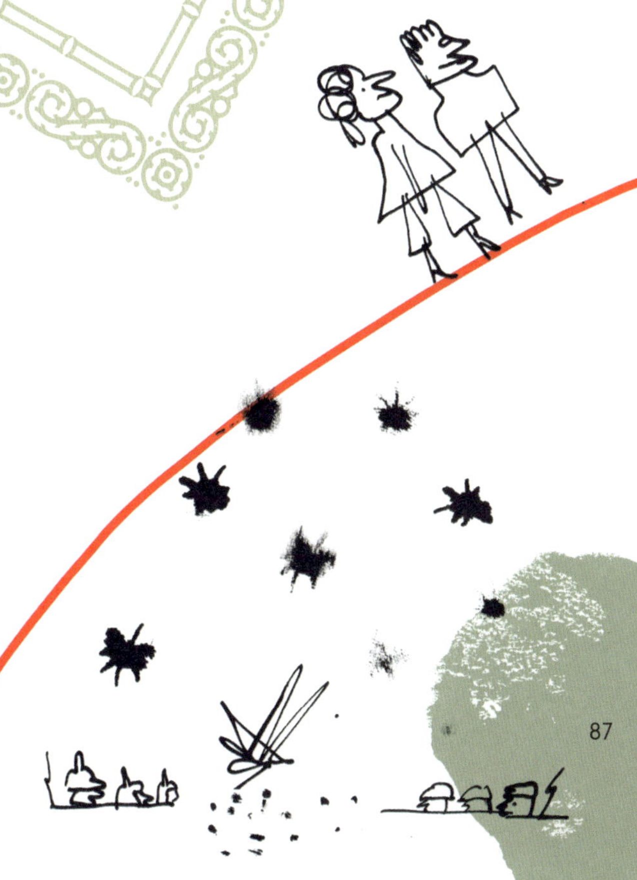

ca. 1916 – Dadaismus
Künstler reagieren auf den Horror des Ersten Weltkriegs und schaffen Kunstwerke, die nationale Politik und traditionelle Werte infrage stellen. Dadaisten in der Schweiz, den USA, Deutschland und Frankreich kreieren unsinnige und rebellische Kunst.

1917 – Russische Revolution
Der Zar wird gestürzt und die erste kommunistische Regierung unter Wladimir Iljitsch Lenin übernimmt die Führung.

1920 – Joan Miró trifft die Surrealisten, nachdem er von Barcelona, Spanien, nach Paris umzog. Seine Werke werden in der ersten Surrealisten-Ausstellung 1925 gezeigt.

1922 – Gründung der Sowjetunion
Damit werden Russland und die Nachbarländer zu einem Staat unter kommunistischer Führung zusammengefasst. Neue Regeln bestimmen, dass der Staat die Religion, die Landwirtschaft, die Wissenschaft und sogar die Kunst kontrolliert.

1922 – Kandinsky unterrichtet Kunst am berühmten Bauhaus in Deutschland.

1924 – Surrealismus
Der französische Schriftsteller André Breton veröffentlicht das *Manifest des Surrealismus* und definiert »Surrealismus« als Möglichkeit, Kunst zu schaffen, ohne darüber nachzudenken, wie in einem Traum also.

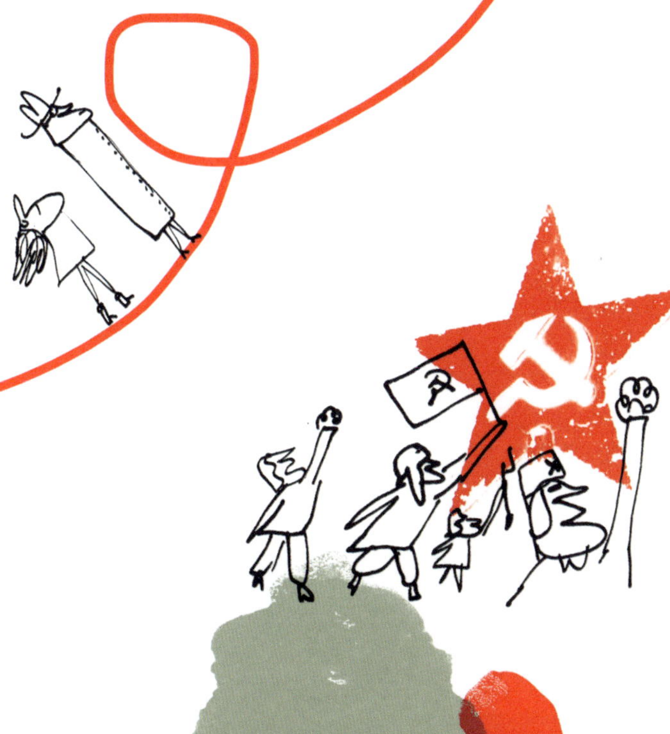

1925 – Frida Kahlo erleidet einen schweren Unfall
In Mexiko-Stadt, der sie ans Bett fesselt. Sie beginnt, im Liegen Selbstporträts zu malen.

1926 – Alexander Calder schafft einen Zirkus in Paris,
bestehend aus Draht und beweglichen Teilen, nachdem er aus New York, USA, zurückgekehrt ist.

1929–41 – Die Große Depression
Der US-Börsenmarkt kollabiert, unglaublich viele Menschen weltweit verlieren ihr Geld und ihre Arbeit. Die amerikanische Künstlerin Sheila Hicks ist ein kleines Mädchen, ihre Familie reist durch die USA, damit ihr Vater Arbeit findet.

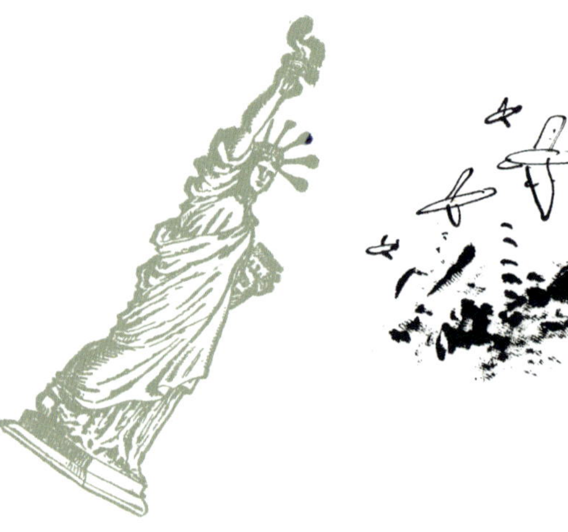

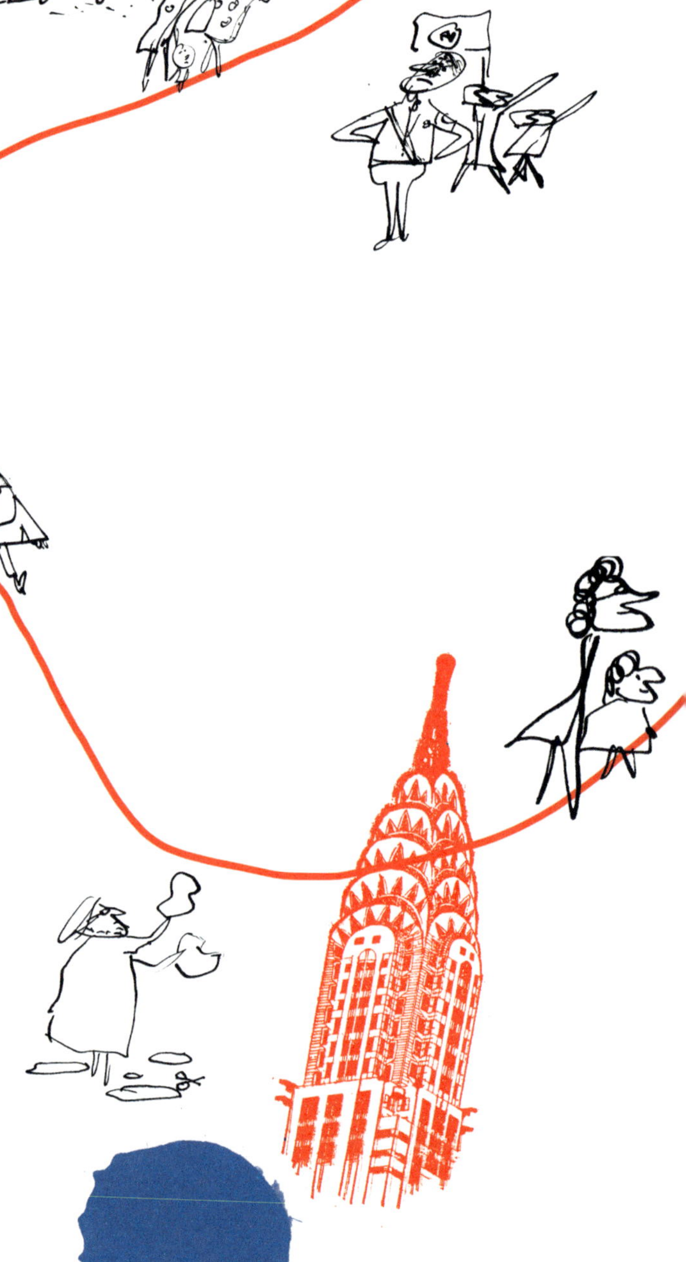

1939–45 – Zweiter Weltkrieg
Der tödlichste Krieg in der Menschheitsgeschichte beginnt, als Deutschland in Polen einmarschiert. Millionen Juden werden von den Nazis im Holocaust ermordet.

1941 – Nevelson setzt Holzstücke zusammen,
dazu andere Objekte, um Skulpturen für ihre erste Solo-Ausstellung in New York zu schaffen.

1943 – Matisse stellt seinen ersten Scherenschnitt her,
wodurch es ihm trotz Krankheit möglich wird, Kunst mithilfe seiner Assistenten auch vom Bett aus zu schaffen. Hinter ihm liegt bereits ein langes Leben als erfolgreicher Maler.

1946 – Pollock wirft Farbe auf Leinwand
und schafft sein erstes »Drip Painting«. In seiner radikalen Technik tanzt er um die auf dem Boden liegende Leinwand und bewirft diese mit Farbe.

1947 – Yves Klein erfindet seine eigene Farbe
und nennt sie »International Klein Blue« oder »IKB«. Nur mit dieser Farbe malt er fast 200 Bilder.

1949 – Warhol ändert seinen Namen
von Andrew Warhola in »Andy Warhol« und zieht nach New York, um als Illustrator für Zeitschriften und Werbezeichner zu arbeiten.

ca. 1950 – Pop Art
Nach dem Zweiten Weltkrieg boomen Reichtum und Konsum in den USA. Pop-Art-Künstler in den USA und Großbritannien lassen sich bei ihrer Kunst von den Massenprodukten inspirieren.

1953 – Nemours verwendet keine diagonalen Linien mehr
und hält ihre erste Solo-Ausstellung für abstrakte Kunst ab.

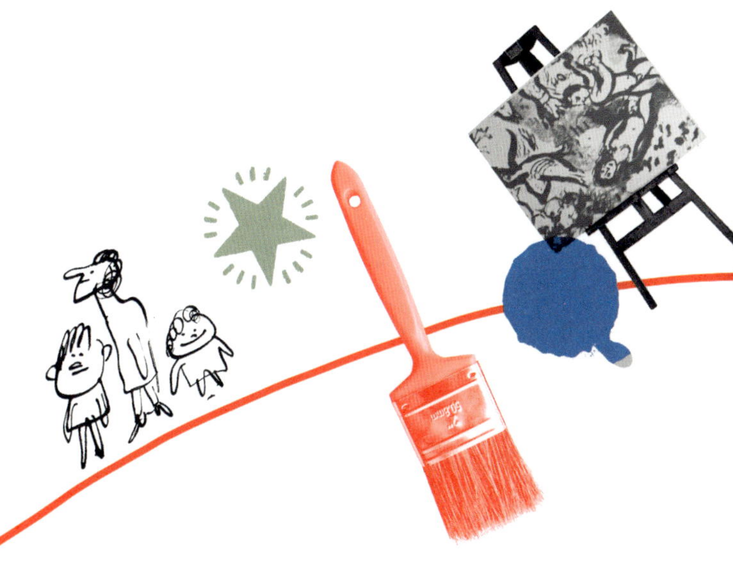

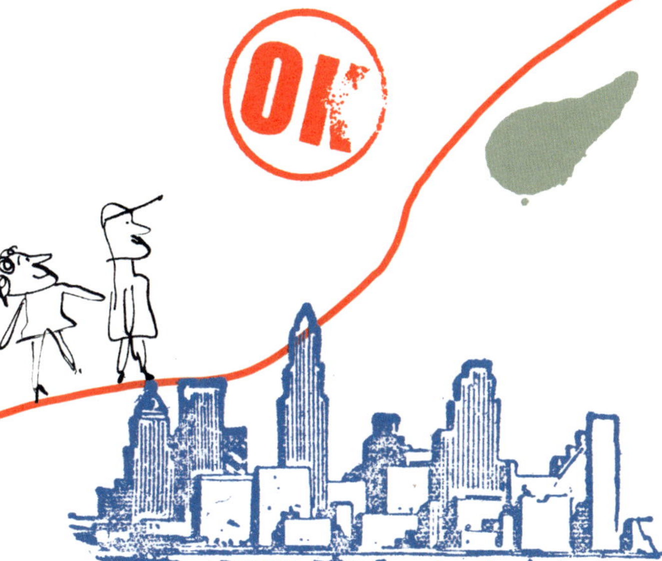

1962 – Warhol fertig seinen ersten Siebdruck,
der seine Kunstwerke wie aus Industrieproduktion aussehen lässt.

1969 – Der erste Mensch betritt den Mond.

1969 – Anatsui schließt seine Kunstschule in Ghana ab,
wo er sein Interesse für die Ursprünge und die Bedeutung afrikanischer Stoffmuster entdeckt.

1970 – Kapoor verlässt Indien und zieht nach Israel,
wo er beschließt, Künstler zu werden. Dann zieht er für ein Kunststudium nach London.

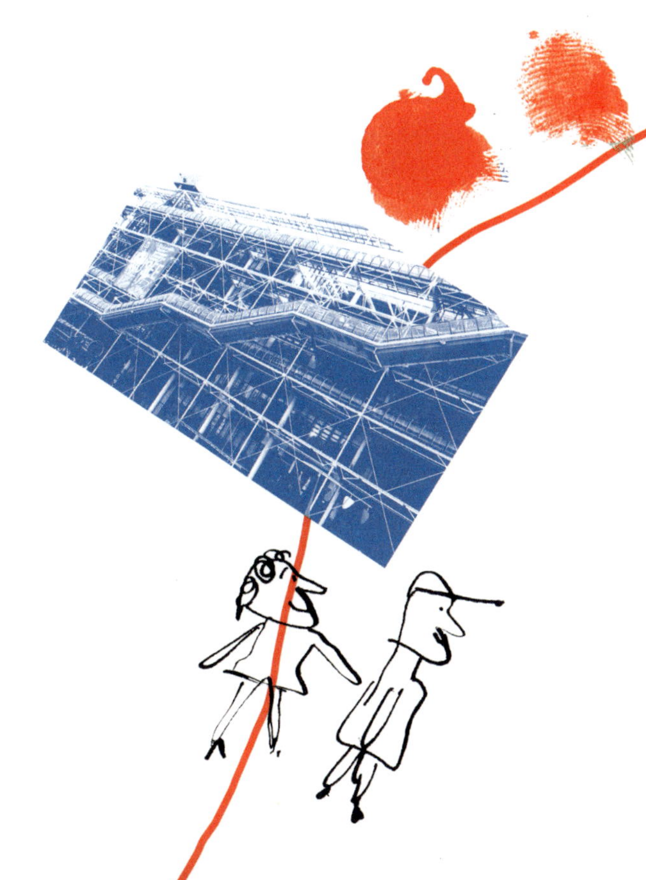

1977 – Das Centre Georges Pompidou öffnet in Paris.
Renzo Piano, Richard Rogers und Gianfranco Franchinis Entwurf des Gebäudes schockiert die Menschen, denn die Rohrleitungen, die normalerweise im Gebäude verlaufen, sind hier außen angebracht.

1982 – Basquiat schafft ein Graffiti
namens *Slave Auction,* damit es grob und ärgerlich wirkt. Er trifft zum ersten Mal Andy Warhol in New York.

GLOSSAR

3D – Dreidimensional, alles, was Tiefe, Höhe und Breite hat.

Abguss – Skulptur, die aus einer Gussform genommen wurde. So konnten exakte Kopien desselben Designs erzeugt werden.

Abstrakte Kunst – Kunst, die nicht realistisch aussieht. Abstrakte Kunst verwendet häufig Farben, Linien und Formen, um Ideen umzusetzen.

Airbrush – Ein Bild verändern, damit das Motiv besser aussieht, als es in der Realität ist. Traditionell wurde das mit einer Maschine erledigt, die Farbe mittels Luft auf eine Fläche sprüht.

Blaue Reiter, Der – Kunstbewegung, die 1909 in Deutschland entstand. Mitglieder der Gruppe glaubten, Farbe habe eine spirituelle Macht, und nutzten sie in ihren Gemälden, um Gefühle auszudrücken.

Bronze – Metall aus einer Mischung aus Kupfer und Zinn, die geschmolzen und in eine Form gegossen werden kann, um Skulpturen herzustellen.

Dada – Kunstbewegung, auch als Dadaismus bekannt, die in der Schweiz nach dem Ersten Weltkrieg ihren Ursprung hatte. Dadaisten wollten das Publikum schockieren und schufen sinnlose Kunstwerke und Performances, die mit der Tradition brachen (siehe Hans Arp, Sophie Taeuber-Arp, Robert Delaunay und Marcel Duchamp).

Digitales Bild – Bild oder Foto aus Pixeln, gespeichert als Zahlenfolge auf einem digitalen Gerät.

Emoji – Kleine digitale Bilder von Gesichtern, Objekten und Symbolen, die in Textnachrichten verwendet werden, um Gefühle auszudrücken.

Filter – Ein Filter wendet Farben, Farbtöne und Strukturen auf ein vorhandenes Bild oder Foto an, um deren Aussehen zu verändern.

Folklore – Kunst, die von »normalen« Menschen und nicht von Künstlern gefertigt wird.

Form – »Form« kann der physische Umriss eines Kunstwerks sein; »Form« bezieht sich auch auf die Anordnung von Formen in einem Kunstwerk im Verhältnis zu anderen Elementen wie Farbe oder Struktur.

Gouache – Farbe auf Wasserbasis, die kräftige einfarbige Flächen erzeugt.

Graffiti – Zeichnungen oder Wörter an Wänden und Flächen im öffentlichen Raum.

Handwerk – Form künstlerischer Betätigung wie Holzarbeiten, Weben, Sticken, bei der ein funktionierendes Objekt hergestellt wird. Traditionelles Handwerk wurde seit langer Zeit praktiziert und über Generationen weitergegeben.

Höhlenmalerei – Gemälde oder Zeichnungen von Urzeitmenschen an Höhlenwänden.

Industriefarbe – Farbe, die normalerweise als Beschichtung für Maschinen und Gebäude verwendet wird, um sie vor Schaden zu schützen. Eher weniger als Zier gedacht. Wird meist aufgesprüht, um eine glatte Oberfläche zu erzeugen.

Installation – Dreidimensionales Kunstwerk, das für einen bestimmten Raum gedacht ist.

Kubismus – Kunstbewegung, die nach 1900 in Paris begann. Kubisten ignorierten die Regeln der Perspektive, die dafür sorgt, dass ein Bild realistisch aussieht, und kombinierten stattdessen mehrere Blickwinkel in einem Bild (siehe Pablo Picasso und Georges Braque).

Künstlich – Etwas, das von Menschen hergestellt und nicht natürlich ist, zum Beispiel künstliche Farbe oder Materialien.

Kunstbewegung – Wenn eine Gruppe von Künstlern dieselben Interessen und Ideen vertritt, die Einfluss auf ihre Kunst haben.

Kunstgeschichte – Kunstgeschichte zeichnet auf, wie Menschen Kunst schufen und welche Ereignisse im Laufe der Zeit stattfanden, die mit Kunst zu tun haben.

Kunstkritiker – Eine Person, die Kunst analysiert und kritisiert und damit Kunst öffentlich macht.

Legende – Jemand oder etwas, das wichtig oder wertvoll ist; ein Promi kann zum Beispiel als Legende betrachtet werden.

Leinwand – Ein Stück Stoff, das über einen Holzrahmen gespannt oder auf etwas Flaches geklebt ist. Viele Bilder sind auf Leinwand gemalt.

Massenproduktion – Wenn große Mengen desselben Objekts maschinell in einer Fabrik hergestellt werden.

Mobilé – Skulptur, die aufgehängt wird und sich in der Luft bewegen soll.

Modell – Person, die für einen Künstler posiert.

Gussform – Hohler Behälter, der zur Herstellung dreidimensionaler Skulpturen verwendet wird. Die Form wird mit flüssigem Material wie Bronze, Beton oder Gips gefüllt, das aushärtet und eine dreidimensionale Form ergibt.

Op-Art – Art abstrakter Kunst, die auf einer ebenen Fläche mittels Linien oder Mustern die Illusion von Bewegung ergibt. Der Name »Op-Art« kommt von »optisch«, weil es mit Sehen zu tun hat.

Pigment – Natürliches Farbteilchen, das gemahlen wird, um Farbe herzustellen.

Pixel – Winzige Einheiten, aus denen ein digitales Bild besteht.

Pop Art – Kunstbewegung, die in den 1950er- und 1960er-Jahren in den USA begann. Pop Art verwendet Objekte und Ideen aus der Popkultur, um Kunstobjekte wie Werbung, Verpackungen und Comics herzustellen (siehe Andy Warhol).

Porträt – Kunstvolles Bildnis einer Person. Ein Porträt kann in allen möglichen Medien umgesetzt sein, als Foto, Gemälde und Skulptur (siehe Amedeo Modigliani).

Readymade – Begriff, den Marcel Duchamp für seine Alltagsobjekte verwendete, die er in Galerien als Kunst ausstellte.

Scherenschnitt – Bildtechnik, die durch den französischen Künstler Henri Matisse berühmt wurde, bei der bemaltes Papier ausgeschnitten und zu einem Kunstwerk zusammengesetzt wurde.

Selbstporträt – Porträt, das ein Künstler von sich selbst schafft (siehe Frida Kahlo). Auch der Begriff »Selfie« kommt von Selbstporträt.

Siebdruck – Drucktechnik, bei der man Farbe durch ein feines Sieb oder durch Stoff drückt. Das Sieb besteht aus einem Stück Seide oder feinem Stoff, das über einen Rahmen gespannt ist.

Simultanismus – Art abstrakter Kunst, bei der Kontrastfarben verwendet werden, um ein lebendiges Bild zu gestalten (siehe Robert Delaunay und Sonia Delaunay).

Skulptur – Dreidimensionales Kunstwerk.

Studio – Ort, an dem ein Künstler arbeitet (auch Atelier).

Surrealismus – Kunstbewegung, die im Europa der 1920er-Jahre begann und sich international ausbreitete. Surrealistische Künstler schufen Bilder, Skulpturen und Filme von ihren Träumen und Ideen aus dem Unterbewusstsein, statt die Welt um sich herum abzubilden.

Textilkunst – Kunst aus Materialien wie Fasern, Stoffen, Flachs, Seilen oder Wolle.

Titel – Name, den der Künstler seinem Werk gibt.

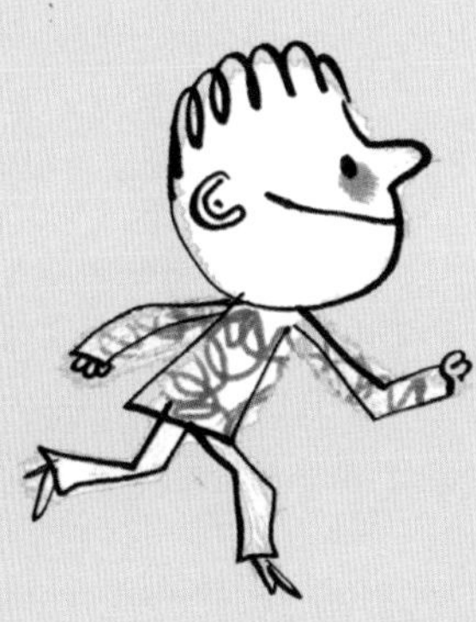

LISTE DER KUNSTWERKE

Die Maße der Werke sind in Zentimetern angegeben.

Alle Bilder mit freundlicher Genehmigung des Centre Pompidou, Musée national d'art moderne, Paris. Alle Fotos © Centre Pompidou, MNAM-CCI / Dist. RMN-GP

Seite 8, 11
Constantin Brâncuşi
1876–1957, Rumänien/Frankreich
Schlafende Muse, 1910
Polierte Bronze, 16 x 27,3 x 18,5
© Succession Brancusi - All rights reserved. ADAGP, Paris and DACS, London 2020. Foto © Centre Pompidou, MNAM-CCI / Adam Rzepka / Dist. RMN-GP

Seite 12
Wassily Kandinsky
1866–1944, Russland/Frankreich
Himmelblau, 1940
Ölfarbe auf Leinwand, 100 x 73
Foto © Centre Pompidou, MNAM-CCI / Philippe Migeat / Dist. RMN-GP

Seite 14–15
Jean-Michel Basquiat
1960–1988, USA
Slave Auction, 1982
Pastell- und Acrylfarben und geknittertes Papier, Collage auf Leinwand, 183 x 305,5
© The Estate of Jean-Michel Basquiat / ADAGP, Paris and DACS, London 2020. Foto © Centre Pompidou, MNAM-CCI / Philippe Migeat / Dist. RMN-GP

Seite 18–19
El Anatsui
*** 1944, Ghana**
Sasa (Mantel), 2004
Wandinstallation aus geglätteten Alu-Flaschenverschlüssen, zusammengehalten von Kupferdraht,
700 x 640 x 140
© El Anatsui. Courtesy of the artist and Jack Shainman Gallery, New York. Foto © Centre Pompidou, MNAM-CCI / Georges Meguerditchian / Dist. RMN-GP

Seite 20
Pierre Bonnard
1867–1947, Frankreich
Das Atelier mit Akazie, 1939–1946
Ölfarbe auf Leinwand, 127,5 x 127,5
Foto © Centre Pompidou, MNAM-CCI / Bertrand Prévost / Dist. RMN-GP

Seite 22
Georges Braque
1882–1963, Frankreich
Mann mit Gitarre, 1914
Ölfarbe und Sägespäne auf Leinwand, 130 x 72,5
© ADAGP, Paris and DACS, London 2020. Foto © Centre Pompidou, MNAM-CCI / Service de la documentation photographique du MNAM / Dist. RMN-GP

Seite 24
Amedeo Modigliani
1884–1920, Italien
Gaston Modot, 1918
Ölfarbe auf Leinwand, 92,7 x 53,6
Foto © Centre Pompidou, MNAM-CCI / Audrey Laurans / Dist. RMN-GP

Seite 26
Marc Chagall
1887–1985, Russland/Frankreich
Brautpaar mit Eiffelturm, 1938–1939
Ölfarbe auf Leinen, 150 x 136,5
© ADAGP, Paris and DACS, London 2020. Foto © Centre Pompidou, MNAM-CCI / Philippe Migeat / Dist. RMN-GP

Seite 28
Marcel Duchamp
1887–1968, Frankreich
Fahrrad-Rad, 1913/1964
Fahrrad-Rad auf Holzhocker, 126,5 x 31,5 x 63,5
Das Original ist inzwischen verschollen, es stammt aus Paris 1913. Die Replik wurde 1964 unter der Regie von Marcel Duchamp von Galerie Schwarz, Mailand, hergestellt.
6. Version dieses Werks.
© Association Marcel Duchamp / ADAGP, Paris and DACS, London 2020. Foto © Centre Pompidou, MNAM-CCI / Philippe Migeat / Dist. RMN-GP

Seite 32
Robert Delaunay
1885–1941, Frankreich
Karussell der Schweine, 1922
Ölfarbe auf Leinwand, 248 x 254
Foto © Centre Pompidou, MNAM-CCI / Bertrand Prévost / Dist. RMN-GP

Seite 36
Meret Oppenheim
1913–1985, Schweiz
Die alte Schlange Natur, 1970
Sackleinen, Holzkohle, Anthrazit und bemaltes Holz, 70 x 62 x 46
© DACS 2020. Foto © Centre Pompidou, MNAM-CCI / Jacqueline Hyde/ Dist. RMN-GP

Seite 38
Natalija Gontscharowa
1881–1962, Russland/Frankreich
Ringer, 1909–1910
Ölfarbe auf Leinwand, 118,5 x 103,5
© ADAGP, Paris and DACS, London 2020. Foto © Centre Pompidou, MNAM-CCI / Philippe Migeat / Dist. RMN-GP

Seite 40
Sheila Hicks
*** 1934, USA**
Palitos con Bolas, 2011
Installation aus Leinen, Baumwolle, Seide, Nylon und Bambusstäbchen (veränderliche Form aus 26 Kugeln und 97 farbigen Stäbchen in Garn und Fäden eingewickelt), Größe verschieden
© ADAGP, Paris and DACS, London 2020. Foto © Centre Pompidou, MNAM-CCI / Philippe Migeat / Dist. RMN-GP

Seite 42
Frida Kahlo
1907–1954, Mexiko
Der Rahmen, 1938
Ölfarbe auf Aluminium eingerahmt mit bemaltem Holz und handbemaltem Glas, 28,5 x 20,7
© Banco de México Diego Rivera Frida Kahlo Museums Trust, Mexico, D.F. / DACS 2020. Foto © Centre Pompidou, MNAM-CCI / Service de la documentation photographique du MNAM / Dist. RMN-GP

Seite 46
Anish Kapoor
*** 1954, Indien/Großbritannien**
Unbenannt, 2008
Glasfasern, Kunstharz und Farbe, 150 tief, 302 Durchmesser
© Anish Kapoor. All Rights Reserved, DACS 2020. Foto © Centre Pompidou, MNAM-CCI / Georges Meguerditchian / Dist. RMN-GP

Seite 48–49
Yves Klein
1928–1962, Frankreich
ANT 76, GROSSE BLAUE ANTHROPOPHAGIE, HOMMAGE AN TENNESSEE WILLIAMS, 1960
Pigment und Kunstharz auf Papier, montiert auf Leinwand, 275 x 407
© Succession Yves Klein c/o ADAGP, Paris and DACS, London 2020. Foto © Centre Pompidou, MNAM-CCI / Philippe Migeat / Dist. RMN-GP

Seite 52
Martial Raysse
*** 1936, Frankreich**
Made in Japan - La grande odalisque, 1964
Acrylfarbe und verschiedene Objekte auf einem Foto (Glas, eine Fliege und Kunstfaser-Abschnitte auf einem Foto, montiert auf Leinwand), 130 x 97
© ADAGP, Paris and DACS, London 2020. Foto © Centre Pompidou, MNAM-CCI / Philippe Migeat / Dist. RMN-GP

Seite 54
Joan Miró
1893–1983, Spanien
Die Rechnung, 1925
Ölfarbe auf Leinwand, aufgeklebt auf Holztafel, 195 x 129,2
© Successió Miró / ADAGP, Paris and DACS London 2020. Foto © Centre Pompidou, MNAM-CCI / Service de la documentation photographique du MNAM / Dist. RMN-GP

Seite 56
Piet Mondrian
1872–1944, Niederlande/USA
New York City, 1942
Ölfarbe auf Leinwand, 119,3 x 114,2
© 2020 ES Mondrian / Holtzman Trust. Foto © Centre Pompidou, MNAM-CCI / Philippe Migeat / Dist. RMN-GP

Seite 58
Niki de Saint Phalle
1930–2002, Frankreich/USA
L'Aveugle dans la prairie, 1974
Vinylfarbe auf Polyester über Metallrahmen und Drahtgitter. Mann mit Zeitung: 120 x 118 x 117; Kuh: 184 x 307 x 107
© Niki de Saint Phalle Charitable Art Foundation / ADAGP, Paris and DACS, London 2020. Foto © Centre Pompidou, MNAM-CCI / Philippe Migeat / Dist. RMN-GP

Seite 60
Henri Matisse
1869–1954, Frankreich
Die Trauer des Königs, 1952
Gouache auf Papier, Scherenschnitt, montiert auf Leinwand, 292 x 386
© Succession H. Matisse / DACS 2020. Foto © Centre Pompidou, MNAM-CCI / Philippe Migeat / Dist. RMN-GP

Seite 64
Aurélie Nemours
1910–2005, Frankreich
Pierre angulaire, 1960
Ölfarbe auf Leinwand, 89 x 116

Seite 66
Pablo Picasso
1881–1973, Spanien/Frankreich
Die Muse, 1935
Ölfarbe auf Leinwand, 130 x 162

Seite 68
Jackson Pollock
1912–56, USA
Painting (Silver over Black, White, Yellow and Red), 1948
Farbe auf Papier, montiert auf Leinwand, 61 x 80

Seite 70
Victor Vasarely
1908–1997, Ungarn/Frankreich
Alom (Traum), 1966
Collage auf Sperrholz, 252 x 252

Seite 72
Sophie Taeuber-Arp
1889–1943, Schweiz
Dada-Kopf, 1920
Holz, gedrechselt und bemalt, 29,43 hoch, 14 Durchmesser

Seite 76
Hans Arp
1886–1966, Deutschland/Frankreich
Turmuhr, 1924
Bemaltes Holz, 65,3 x 56,8 x 5

Seite 78–79
Andy Warhol
1928–87, USA
Ten Lizes, 1963
Seidenmalfarbe und Sprühfarbe auf Leinwand, 201 x 564.5

Seite 82
Atsuko Tanaka
1932–2005, Japan
Denkifuku (Elektrisches Kleid), 1956/1999
Farbe auf Glühlampen, Neonröhren und Kabeln (86 farbige Glühlampen, 97 gefärbte Neonröhren in 8 Farben, Filz, Elektrokabel, Klebeband, Metall, bemaltes Holz, Elektroinstallation),
165 x 90 x 90

Seite 84
Louise Nevelson
1899–1988, USA
Tropical garden II, 1957
Fundobjekte aus Holz, mit schwarzer Farbe besprüht (bemaltes Holz), 229 x 291 x 31

INDEX

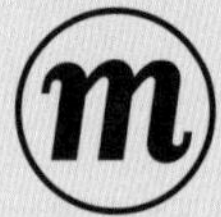

IMPRESSUM

ISBN 978-3-03876-168-6

Herausgeber: Gregory C. Zäch
Übersetzung: Claudia Koch
Lektorat/Korrektorat: Silvia Bartholl
Layout: Ulrich Borstelmann

Midas Verlag AG
Dunantstrasse 3
CH 8044 Zürich

www.midas.ch

Published by arrangement with Thames & Hudson Ltd, London,
Produced in association with the Centre Pompidou

Die deutsche Nationalbibliothek verzeichnet diese Publikation in der Deutschen Nationalbibliografie; detaillierte bibliografische Daten sind im Internet abrufbar unter: http://www.dnb.de

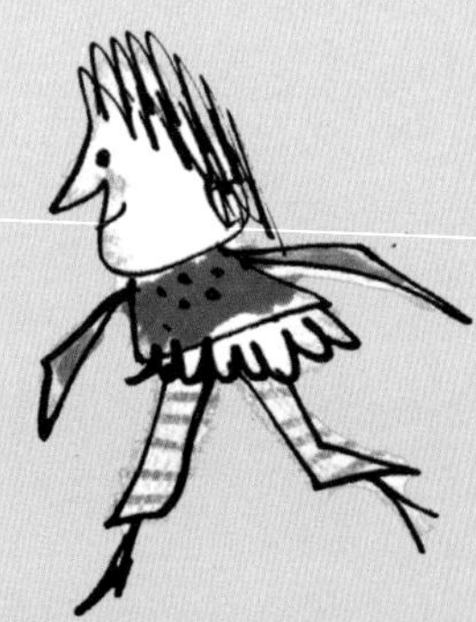